数字化赋能

行业变革与商业创新

崔 超　黎莹洁　蒋珍波 ◎ 著

中国铁道出版社有限公司
CHINA RAILWAY PUBLISHING HOUSE CO., LTD.

图书在版编目（CIP）数据

数字化赋能：行业变革与商业创新 / 崔超，黎莹洁，蒋珍波著. — 北京：中国铁道出版社有限公司，2025.1.
ISBN 978-7-113-31687-7

Ⅰ. F272.7

中国国家版本馆 CIP 数据核字第 2024DL1995 号

书　　名：数字化赋能——行业变革与商业创新
SHUZIHUA FUNENG：HANGYE BIANGE YU SHANGYE CHUANGXIN

作　　者：崔　超　黎莹洁　蒋珍波

责任编辑：马慧君　编辑部电话：（010）51873005　电子邮箱：zzmhj1030@163.com
封面设计：宿　萌
责任校对：苗　丹
责任印制：赵星辰

出版发行：中国铁道出版社有限公司（100054，北京市西城区右安门西街 8 号）
网　　址：https://www.tdpress.com
印　　刷：三河市宏盛印务有限公司
版　　次：2025 年 1 月第 1 版　2025 年 1 月第 1 次印刷
开　　本：710 mm×1 000 mm　1/16　印张：10.75　字数：160 千
书　　号：ISBN 978-7-113-31687-7
定　　价：68.00 元

版权所有　侵权必究

凡购买铁道版图书，如有印制质量问题，请与本社读者服务部联系调换。电话：（010）51873174
打击盗版举报电话：（010）63549461

前言

当前,数字化已经成为经济发展的重要趋势。随着人工智能、大数据等数字技术的发展与应用,越来越多的企业开始运用数字技术强化自身能力,实现高效、数字化运作。

借助数字技术,很多企业在生产效率提升、管理流程优化、商业模式创新等方面进行了诸多探索。例如,淘宝、京东等电商平台纷纷借助数字技术进行个性化推荐系统、数字化供应链、直播带货等方面的探索,打造数字化发展新优势;海尔、美的等企业也纷纷借助数字技术变革生产流程、优化供应链管理、探索营销新模式等。可以说,数字化已成为企业未来发展的重要方向。

值得注意的是,企业的数字化转型并非单纯的技术升级,而是一场涉及思维方式、组织架构、业务流程等多方面的深刻变革。因此,在推进数字化转型的过程中,企业需将其视为一项战略并高度重视,而非仅局限于数字技术引入或个别业务环节的优化。只有这样,企业才能实现全面的数字化转型,从而在激烈的市场竞争中脱颖而出。

那么,企业该如何抓住数字化带来的机遇,成功推进数字化转型呢?

首先,企业需对数字化发展趋势、行业数字化转型现状等保持敏锐的洞察力,确保自身能够紧跟时代步伐。

其次,企业需深入分析自身进行数字化转型的必要性,明确转型目标,并据此制定详细的战略规划。在推进过程中,企业需注重战略的执行与落地,确保各项转型措施能够得到有效实施。

最后,企业还需密切关注数字化转型中出现的新机遇,如新的商业模式、营销方式等,并积极布局以抢占市场先机。

本书聚焦企业的发展需求,对数字化发展脉络、企业布局数字化转型的策略与路径进行了详细讲解,便于企业掌握数字化转型方法,成功推进转型。在讲解方法与技巧的同时,本书还融入了华为、海尔、小米等知名企业案例,在提升内容丰富性的同时也使内容更具指导性。

通过阅读本书,能够对数字化赋能、企业的数字化转型等有一个系统的了解,并掌握应对数字化趋势、推进数字化转型的方法。在数字化趋势下,企业应顺势而为,抓住时代发展的新机遇,以实现弯道超车,迎来更好的发展。

著 者
2024 年 9 月

目　录

上篇　迈向数字化新纪元

第1章　走进数字化转型　003

1.1　数字经济发展势不可挡　003
1.1.1　定义：数字经济是什么　003
1.1.2　意义：为企业融通发展增加活力　004
1.1.3　挑战与应对：推动数字经济平稳发展　006
1.1.4　数字化转型是企业的必由之路　007

1.2　数字化转型浪潮来临　008
1.2.1　从信息化到数字化，迈向智能化　008
1.2.2　多重因素推动数字化进程　009
1.2.3　数字化转型态势剖析　010

1.3　四大层面剖析数字化转型要点　011
1.3.1　战略层面：保持一致性　011
1.3.2　组织层面：创新组织架构，实现高效协作　013
1.3.3　资源层面：积累资源，厚积薄发　013
1.3.4　员工层面：培养数字化意识　014

1.4　数字化转型是企业求发展的关键　016
1.4.1　把握数字化转型时机　016
1.4.2　了解数字化企业的特征　017
1.4.3　宝洁：多方面布局推进转型　018

第2章　数字化转型技术支撑　020

2.1　大数据：数字化转型的核心驱动力　020

2.1.1	充分认识大数据		020
2.1.2	大数据的应用场景		022

2.2 AI：数字化转型的加速器 …… 023
   2.2.1 全面分析AI发展现状 …… 023
   2.2.2 AI进入商业化阶段 …… 024
   2.2.3 制定符合数字化转型背景的AI战略 …… 025

2.3 云计算：数字化转型的重要支持 …… 026
   2.3.1 云计算产业蓬勃发展 …… 027
   2.3.2 数字化时代，业务上云十分紧迫 …… 028
   2.3.3 飞利浦企业上云，降低运维成本 …… 029

2.4 物联网：数字化转型的重要参与者 …… 030
   2.4.1 万物互联时代已经来临 …… 030
   2.4.2 物联网平台的六大功能 …… 031

2.5 区块链：为数字化转型打造信任的基石 …… 032
   2.5.1 区块链的本质：一个分布式账本 …… 032
   2.5.2 用区块链搭建信任基础 …… 034
   2.5.3 区块链＋供应链：解决行业痛点 …… 034

第3章 打造数字化转型战略 …… 036

3.1 形成战略思维：数字化转型开端 …… 036
   3.1.1 多方联动，实现生态共建 …… 036
   3.1.2 战略先行，确定转型基调 …… 037
   3.1.3 数字化转型与"木桶理论" …… 039

3.2 选择合适的数字化转型战略 …… 040
   3.2.1 以用户需求为中心 …… 040
   3.2.2 重点关注单一领域 …… 042
   3.2.3 利用迭代思维进行产品开发 …… 043

3.3 数字化转型的核心角色 …… 045
   3.3.1 企业架构师：赋能企业数字化战略规划与执行 …… 045
   3.3.2 技术专家：为数字化转型提供技术支撑 …… 046
   3.3.3 安全和合规专家：把控转型风险 …… 048
   3.3.4 数字化转译员：匹配业务与数字技术 …… 049
   3.3.5 数据型人才：管理企业所需数据 …… 050

第4章 数字化转型的五步进阶蓝图　　052

4.1 第一阶段：打造扎实的基础　　052
4.1.1 发挥领导者的推动作用　　052
4.1.2 以迭代逐步推进转型　　053

4.2 第二阶段：以单点作为突破口　　054
4.2.1 以试点部门作为转型落地点　　054
4.2.2 关注转型中的数字杠杆点　　055
4.2.3 雀巢：利用数据触达用户　　056

4.3 第三阶段：进行局部推广与协同　　058
4.3.1 创造合适的企业环境　　058
4.3.2 打造数字化转型"组合拳"　　059

4.4 第四阶段：进行全面推广与协同　　060
4.4.1 将提升IT能力作为重点　　060
4.4.2 与数字化初创企业合作　　061

4.5 第五阶段：转型深化与成果巩固　　062
4.5.1 利用敏捷模式加速数字化转型　　062
4.5.2 警惕风险，维护转型成果　　063
4.5.3 华为：六大步骤推进转型　　064

第5章 产业互联网架构与中台体系构建　　067

5.1 产业互联网推进数字化转型　　067
5.1.1 充分认识产业互联网　　067
5.1.2 构建产业互联网的策略　　070
5.1.3 影子科技：加深产业互联网平台探索　　070

5.2 中台建设为数字化转型加速　　071
5.2.1 数据中台的定义与价值　　072
5.2.2 业务与数据中台实现双轮驱动　　073
5.2.3 遵循基本原则，推进中台建设　　075

5.3 从经典案例中借鉴成功经验　　078
5.3.1 美的：构建工业互联网平台　　079
5.3.2 科大讯飞：以AI中台赋能企业数字化　　079
5.3.3 雅戈尔：利用数据中台寻求转型　　081

下篇　数字化转型打造企业增长新引擎

第6章　AI赋能：提供智慧化转型方案　085

6.1　AI深入数字化转型多场景　085
6.1.1　智能决策：AI为企业提供智能化决策支持　085
6.1.2　业务流程优化：AI助力业务高效运作　086
6.1.3　工作流程优化：AI优化工作效能　088

6.2　企业引入AI能力的两大路径　089
6.2.1　技术自主研发，打造AI技术平台　089
6.2.2　引入外部AI应用，优化运营环节　091

6.3　AI助力多行业数字化发展　092
6.3.1　融入生产与管理，AI加速制造企业转型　092
6.3.2　突破发展瓶颈，AI促进金融机构迭代　093
6.3.3　系统升级，AI助推医疗机构转型　095
6.3.4　上汽集团：持续发力的转型之路　096

第7章　商业模式：数字化实现模式创新　098

7.1　数字化浪潮下，商业模式的精简与优化　098
7.1.1　学会商业模式创新背后的"套路"　098
7.1.2　商业模式元素的组合创新　099

7.2　商业模式迭代的要点　100
7.2.1　挖掘蓝海市场，提升竞争力　101
7.2.2　实现商业模式多元化营收　102
7.2.3　携程：持续创新的商业模式　103

7.3　变革商业模式的两大路径　105
7.3.1　外部平台：以平台资源促进自身发展　105
7.3.2　内部建设：自建特色平台强化发展　106
7.3.3　推陈出新：外部与内部平台的综合探索　106

第8章　营销推广：丰富营销内容　108

8.1　数字化时代，创新思维与策略革新　108

8.1.1 思维转化：从入口思维到触点思维　108
8.1.2 策略革新：基于数据设计策略　109

8.2 为用户提供更加贴心的服务　111

8.2.1 更加注重个性化与用户需求　111
8.2.2 打造虚拟营销场景，实现虚实互动　111
8.2.3 售后服务系统优化，提升购物体验　112

8.3 营销数字化路径　113

8.3.1 利用好移动营销　113
8.3.2 突破传统营销，进行链接营销　115
8.3.3 海尔：以平台助力精准营销　117

第9章 数字创意输出：以数字技术打造内容　119

9.1 数字创意输出核心要素与覆盖领域　119

9.1.1 三大要素：知识、技术与创意　119
9.1.2 覆盖数字设计、媒体输出多领域　120

9.2 三大数字技术驱动创意输出　122

9.2.1 AI：AI生成创意文案和视频　122
9.2.2 AR+VR：实现用户与虚拟内容的交互　123
9.2.3 虚拟数字人：赋能企业直播与品牌运营　124

9.3 企业探索：打造数字创意输出方案　125

9.3.1 服装企业：以数字创意输出优化运营　125
9.3.2 电商企业：丰富营销内容创意生成　126
9.3.3 京东：虚拟主播打造直播新方案　127

第10章 生产制造：数字化实现降本增效　129

10.1 聚焦用户需求，让生产更加精准　129

10.1.1 挖掘用户数据，了解用户需求　129
10.1.2 华为：以数据指导产品设计　130

10.2 多样的数字化生产模式　131

10.2.1 敏捷灵活的柔性生产　132
10.2.2 虚实联动的生产模式　133
10.2.3 小米汽车工厂：绿色生产新模式　134

10.3 生产管理数字化变革　136

10.3.1　数字化平台助力生产管理数字化　　136
10.3.2　生产设备监测提高生产效率　　138
10.3.3　生产环境监控实现生产可视化　　139

第11章　供应链：优化供应链流程　　141

11.1　数字化时代的供应链　　141
11.1.1　供应链运作自动化　　141
11.1.2　供应链管理数字化　　142

11.2　三步打造数字化供应链　　143
11.2.1　利用补货模型实现智能补货　　143
11.2.2　打造灵活的动态运输网络　　145
11.2.3　推动上下游产业链协同　　146

11.3　深入解析企业数字化供应链探索案例　　147
11.3.1　联合利华：积极推进供应链转型　　147
11.3.2　海程邦达：打造供应链可视大屏　　149
11.3.3　德邦：以技术实现物流可视化管理　　150

第12章　财务：推动数字财务的发展　　152

12.1　财务转型是适应时代发展的必要之举　　152
12.1.1　财务转型具有多重价值　　152
12.1.2　做好财务转型的必要准备　　153
12.1.3　三大转型为财务数字化转型奠基　　154

12.2　财务共享成为管理新模式　　155
12.2.1　财务共享是大势所趋　　155
12.2.2　搭建财务共享平台　　157
12.2.3　平安集团：打造财务共享中心　　158

12.3　数字化时代的税务转型　　158
12.3.1　打造无纸化入账模式　　159
12.3.2　以税务共享中心强化税务管理　　160
12.3.3　老百姓大药房：税务共享解决方案　　162

◎上篇

迈向数字化新纪元

在信息技术飞速发展的当下，企业若想在激烈的市场竞争中立于不败之地，必须进行数字化转型。同时，云计算、大数据、物联网等先进技术的成熟应用，为数字化转型提供了坚实的技术支撑。在数字化转型路线的规划中，要明确数字化转型战略，确定转型的目标与路径，进而分阶段实施、持续改进。

第1章

走进数字化转型

在全球范围内，数字化变革的浪潮席卷而来，驱动着各行各业向数字经济时代迈进。为了在这场变革中抢占先机，企业纷纷踏上了系统性的数字化转型之旅。数字化转型是企业在数字经济时代的必然选择，是企业实现快速、高质量发展的重要路径。企业应当正确认识数字化转型，积极面对数字化新时代。

1.1 数字经济发展势不可挡

数字经济的发展推动了数字化转型的进程，而数字化转型的成功为数字经济提供了更加广阔的市场。数字经济时代已经来临，企业想要更好地顺应时代潮流，就要对数字经济进行深入的了解。下面从数字经济的定义、意义、企业面临的挑战与应对措施等方面进行详解，旨在帮助企业更好地把握数字经济时代的脉搏。

1.1.1 定义：数字经济是什么

不少权威机构或文件都给出了数字经济的定义，例如，G20杭州峰会发布的《二十国集团数字经济发展与合作倡议》对数字经济进行了定义，获得了广泛认可。该倡议指出："数字经济是指以使用数字化的知识和信息作为关键生产要素、以现代信息网络作为重要载体、以信息通信技术的有效使用作为效率提升和经济结构优化的重要推动力的一系列经济活动。"这一定义主要强调了数据、现代信息网络、信息通信技术对经济活动的重要作用。

数字经济主要包含两个部分：数字产业化和产业数字化。数字产业化指的是数字技术、数字产品和服务本身形成的新产业，包括电子信息制造业、软件服务业等；产业数字化指的是传统产业利用数字技术、数字产品和服务实现效率增长和迭代升级。产业数字化是数字经济与传统经济相融合的产物，能够推动实体经济数字化、智能化转型。

在各行业视角下，数字经济的定义存在差异，往往更加侧重于行业特定的应用与技术。

在信息技术行业，数字经济指的是基于互联网、移动通信、大数据等技术实现的经济活动数字化、网络化和智能化的过程。这包括云计算、人工智能（AI）、物联网（IoT）等技术在经济领域的应用。

在零售行业，数字经济表现为"新零售"，即线上与线下相结合的商业模式。企业能够利用大数据对用户行为进行分析，从而提供个性化的服务，满足用户的需求。

在制造行业，数字经济主要表现为"新制造"，即智能智造。企业能够通过物联网和数据分析优化生产流程，实现定制化生产，减少资源浪费，提高生产效率。

在金融行业，数字经济则意味着金融科技的进一步发展，包括电子支付、区块链技术、智能投顾等，改变了金融服务的方式和渠道。

在教育行业，数字经济主要表现在在线教育、个性化学习平台等方面，能够为用户带来数字化、智能化的学习体验。

在医疗健康行业，数字经济主要表现为远程医疗服务、电子病历系统等，能够有效改善医疗资源分配与患者体验。

数字经济作为全球经济增长的新动能，正在逐步改变社会和经济结构。未来，随着数字经济的深化发展，数实融合程度将进一步加深，更多行业将实现数字化转型。同时，更多行业发展新模式、新业态将涌现，而这会促进数字经济持续发展。

1.1.2 意义：为企业融通发展增加活力

数字经济作为新时代经济发展的重要引擎，有力推动了大中小企业的融通发展。这主要表现在四个方面，如图1.1所示。

- 打破信息壁垒，促进资源共享
- 优化产业链布局，促进协同创新
- 降低市场准入门槛，激发市场活力
- 促进商业模式创新，拓展市场边界

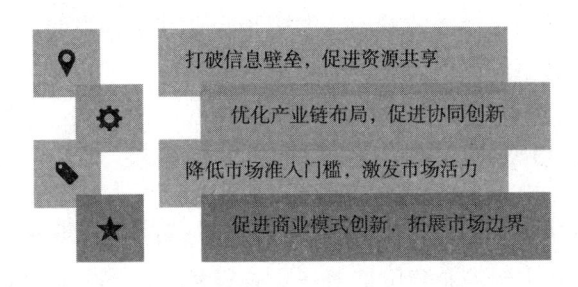

图1.1 数字经济多方面助力企业融通发展

1. 打破信息壁垒，促进资源共享

数字经济通过构建广泛、通畅的信息网络，打破了传统经济中的信息壁垒，使得大中小企业能够更便捷地获取和共享资源。大型企业可以通过开放平台、共享数据等方式，为中小企业提供技术、市场渠道、供应链管理等方面的帮助；而中小企业借助这些资源能够快速提升竞争力，与大型企业协同发展。

2. 优化产业链布局，促进协同创新

数字经济推动了产业链的数字化、网络化升级，使得产业链上的各个环节更加紧密地联系起来。在紧密连接的产业链上，大中小企业可以找到各自的定位，通过优势互补与协同创新推动产业链升级。这种融通发展的模式有助于形成灵活、高效的产业生态体系，提高产业链的竞争力。

3. 降低市场准入门槛，激发市场活力

数字经济的发展降低了创业和创新的门槛，使中小企业更容易进入市场并参与竞争。借助电商平台、社交媒体等渠道，中小企业可以直接触达用户，了解市场需求，进行精准营销。同时，数字经济的发展还带来了丰富的创业资源和创新工具，为中小企业提供了更多发展机会。这种市场活力的激发有助于形成更加多元化的市场环境，推动经济的持续发展。

4. 促进商业模式创新，拓展市场边界

数字经济推动了商业模式创新，为企业提供了多元化的发展路径。通过数字化转型，企业可以探索出更符合市场需求的商业模式，如共享模式、平台模式、订阅模式等。新的商业模式不仅有助于企业拓展市场边

界、增强市场竞争力，还能优化用户体验。

总之，随着数字经济的发展，大中小企业在资源共享、技术创新等方面能够实现有效协同，形成共赢的产业生态。

1.1.3 挑战与应对：推动数字经济平稳发展

数字经济在全球经济舞台上的重要性日益凸显，重塑了世界经济格局。大力发展数字经济是我国把握新一轮科技革命和产业变革新机遇的战略选择，为我国经济快速发展提供了契机。

1. 挑战

在大力发展数字经济的同时，我国面临着两大挑战。

（1）技术层：核心技术创新不足。一个国家的数字经济竞争力与其掌握的关键技术、主要技术路线有关。目前，我国数字经济在这两方面仍面临较高的风险。①我国发展数字经济所需的核心技术对外依存度较高。例如，高端芯片、核心元器件、高端算法等与数字产业有关的技术仍需要外部支持。②我国数字经济的底层技术逻辑面临冲击。我国数字经济发展依托"软硬件一体化"的技术路线，建设了庞大的数字经济基础设施。但是，一些国家极力倡导以"软件开源"取代"软硬件一体化"，并从接口标准、核心软件和底层芯片等方面对数字经济的基础进行重新定义。在这种情况下，我国数字经济底层技术逻辑面临冲击。

（2）应用层：数实融合程度较低。虽然我国数字经济规模庞大，但是数实融合程度较低，传统企业数字化转型成本较高。在数实融合方面，根据《中国数字经济发展研究报告（2023年）》，2022年，我国第一、二、三产业数字经济渗透率分别为10.5%、24%和44.7%，同比分别提升0.4%、1.2%、1.6%。虽然三大产业的数字经济渗透率均实现了增长，但与发达国家相比仍存在差距。例如，发达国家在第一产业数字化方面起步较早，技术应用更为广泛；在第二产业数字化方面，如高端制造、智能制造等领域，我国与发达国家仍存在差距。在企业数字化转型方面，大量中小型企业在面对数字化转型时犹豫不决，存在不想转、不敢转和不会转等问题，仍处于数字化转型探索阶段。

2. 应对

为了充分发挥数字经济的潜力，我国积极应对以上挑战并规划发展路径。

（1）加快攻克数字核心技术，全面布局关键基础设施。

①我国将研发数字关键核心技术作为重点，提高数字技术的基础研发能力，掌握数字经济技术自主权。

②我国系统梳理适合自身发展的数字经济技术路线，全面布局关键数字基础设施，从而扩大数字经济技术发展的底层逻辑优势。

（2）深入推进数实融合，激活数据要素潜能。

我国深入推进数实融合，利用数字技术赋能产业链、供应链，实现链条升级；重点关注、发展数字核心产业，包括人工智能、大数据等，进一步丰富数字技术的应用场景，推动数字技术与各行各业的融合；激活数据要素潜能，进一步提升数据要素对企业发展的贡献度。

数字经济发展过程中既有机遇也有挑战，只有把握机遇，迎接挑战，才能建立完善的数字经济生态体系，推动数字经济平稳发展。

1.1.4 数字化转型是企业的必由之路

在数字经济发展趋势下，为了抓住机遇，实现更好的发展，企业需要积极进行数字化转型。基于数字技术的引入和系统的智能化革新，企业能够优化业务流程，实现高效运营和创新发展。

（1）数字化转型能够有效提升企业的运营效率。企业可以通过引进智能化、自动化的技术和系统，实现生产、管理和销售等环节的数字化转型，有效降低成本，提高运营效率。

（2）数字化转型能够有效提高企业的创新能力。企业能够利用云计算、大数据等数字技术对用户的喜好进行收集和分析，更好地了解用户的需求、市场趋势和竞争形势，从而推出更加符合市场需求、更具竞争力的产品，实现产品的创新升级。

当前，很多企业都意识到数字化转型是其长远发展的必由之路，因此加强了在这方面的探索。以蒙牛为例，面对市场竞争加剧、用户需求多样化的大环境，蒙牛积极通过数字化转型提升竞争力。

在数字化转型初期，蒙牛尝试在生产、营销等领域探索数字技术的应用，如引入自动化生产线、建立数字化营销系统等，以提升生产效率和营销效果。

随着数字化转型的深入，蒙牛开始推进全面的数字化转型，成立了数字化转型办公室，并实现了系统的数字化转型顶层设计。同时，蒙牛还制订了"2025 蒙牛 FIRST 画像"计划，将数字化作为未来发展的核心驱动力。

蒙牛还通过引入大数据、AI 等先进的数字技术和工具，实现了从牧场到餐桌的全产业链数字化升级。在牧场端，蒙牛利用物联网技术实现奶牛健康监测、精准喂养等；在工厂端，蒙牛通过自动化生产线和智能控制系统提升生产效率；在物流端，蒙牛通过智能调度系统优化配送路线和时间；在销售端，蒙牛通过数字化营销系统提升用户体验和销售效果。

此外，蒙牛还积极推进数字化与业务的深度融合，通过数据驱动决策、优化业务流程等方式，提升运营效率。通过建立大数据平台和分析模型，蒙牛可以实时监测市场变化、用户需求等关键指标，做出科学决策。

数字化转型是一项系统性工程，企业需要做好规划、找准着力点，从点到面全面推进数字化转型。

1.2 数字化转型浪潮来临

数字化转型浪潮深刻影响着企业的发展。通过引入各种先进技术，企业能够对业务流程、运营模式等进行全面优化，实现数字化、智能化发展。

1.2.1 从信息化到数字化，迈向智能化

信息化、数字化和智能化三者相互关联又各有侧重。

信息化指的是企业利用信息技术对各类数据信息进行收集、存储、管理和使用，以有效提高企业的决策效率和竞争力。企业信息化以利用信息技术提高信息的实用性和价值为目标，信息化的过程往往涉及基础设施建设，包括搭建数据库、网络系统等。

数字化是信息化发展的下一阶段，重点是将信息转化为数字形式，以便企业进行数据存储与处理。数字化不仅是信息的数字化呈现，更意味着对企业工作流程、业务模式、组织结构等诸多方面的数字化改造，是一种全面且深刻的变革，能够助力企业降本增效。

智能化指的是将大数据、AI等技术应用到企业管理、生产、服务等领域，使系统具备自主决策、自动执行等能力。其强调的是系统的自主性和智能性。对企业而言，智能化变革能够重新定义业务流程，提高运行效率。

信息化、数字化与智能化三者之间存在紧密的内在联系。信息化作为技术演进链的起点，为数字化的发展奠定了坚实的基础。而数字化则是在信息化的基础上，进一步推动了数据的高效采集、处理与应用，为智能化的实现提供了丰富的数据资源。至于智能化，则是在这一坚实基础上，通过引入大数据、AI等先进技术，实现对数据的深度挖掘与智能分析，从而赋予系统以更高的自主性与智能性。

三者在技术不断演进的过程中逐渐交织、相互促进，共同勾勒出现代科技发展的宏伟蓝图。它们不仅为企业带来了前所未有的发展机遇，更为企业的全面发展注入了强劲的动力。在信息化、数字化与智能化的共同推动下，企业得以重塑业务流程、优化资源配置、提升运营效率，从而在激烈的市场竞争中占据有利地位。

1.2.2　多重因素推动数字化进程

作为当前企业发展的大趋势，数字化进程持续加快，这背后离不开多重因素的共同推动，如图1.2所示。

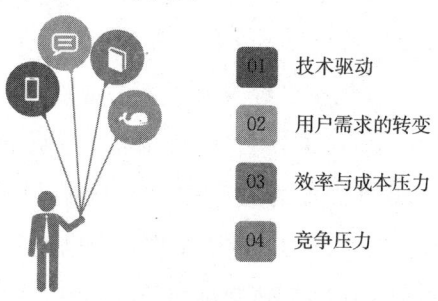

图1.2　推动数字化进程的因素

- 01　技术驱动
- 02　用户需求的转变
- 03　效率与成本压力
- 04　竞争压力

(1) 技术驱动。大数据、云计算、AI等技术为数字化进程提供了技术支持，能够提高数据存储与分析能力，实现设备的互联互通，助力企业智能决策。借助这些技术的支持，企业能够实现管理模式、业务流程、服务模式的数字化转型，提高运营效率。

(2) 用户需求的转变。数字经济时代下，用户的需求变得复杂多样。企业需要利用数字化手段快速了解用户需求，并通过数据分析制定个性化方案，实现精准营销。

(3) 效率与成本压力。在传统的生产模式、运行模式下，企业面临运行效率低下和成本高昂的双重压力。这不仅限制了企业的盈利能力，还影响了其市场竞争力。因此，企业迫切需要寻找新的方式来优化生产和运营流程，以有效降低成本并提高效率。

而数字化正是解决这一问题的关键途径。通过利用先进的数字化工具和技术，企业能够显著提升运营效率，减少不必要的资源浪费，并降低整体运营成本。具体来说，企业可以将数字化工具应用于生产、销售等各个环节，通过实现流程的自动化、智能化和精细化，来达到降本增效的目的。

(4) 竞争压力。随着市场竞争压力不断增加，企业需要采用新技术、新模式提升自身竞争力。而数字化转型可以帮助企业基于新技术打造新模式，增强自身市场竞争力。

以上多重因素相互交织、相互促进，共同推动了数字化进程。

1.2.3 数字化转型态势剖析

数字化转型的发展态势可以从主体、场景、转型方式等多个角度进行剖析。当前，一些企业或机构已经发布了相关报告。例如，2024年6月，联想与36氪研究院共同发布了《中国中小企业数字化转型报告2024》（以下简称《报告》），对中小企业的数字化转型进展进行了梳理。

(1) 从主体方面来看，98.8%的中小型企业已经开始数字化转型。其中，60%以上的中小型企业处于转型早期阶段，21.6%的企业处于数字底座建设阶段，11.4%的中小型企业处于智能运营阶段，仅有3.2%的企业处于创新发展阶段。总体来说，目前处于数字化转型早期阶段的企业多一些。

（2）从场景方面来看，IT 运维场景是中小型企业资源投放的重要场景。《报告》显示，2023 年，有超过半数的中小型企业将资源投放于 IT 运维场景。这意味着随着基础设施的不断完善，中小型企业对 IT 运维的需求仍将持续存在。

（3）从转型方式来看，中小型企业依赖一站式服务平台进行数字化转型是主流趋势。《报告》显示，超过半数的中小型企业选择通过一站式服务平台进行数字化转型。一站式服务平台能够为中小型企业提供技术咨询、解决方案、资金供给等，有效降低企业的数字化转型门槛，帮助企业快速实现数字化转型。

数字化转型已经成为企业发展的必然趋势。企业需要抓住这一趋势、积极实践，以提升自身的数字化和智能化水平。

1.3 四大层面剖析数字化转型要点

在数字化转型过程中，企业可能会遇到许多阻碍。对此，企业需要从战略、组织、资源、员工等多方面做好准备，为数字化转型的顺利开展奠定基础。

1.3.1 战略层面：保持一致性

在战略层面，如果企业的战略缺乏一致性，则会对数字化进程造成阻碍。具体而言，战略不一致主要体现在以下两个方面：

（1）长期战略与短期利益之间的不一致。企业往往将数字化转型作为长期战略，这需要投入大量资源，且其回报在短期内难以体现。但是从短期来看，企业面临业绩增长的压力。因此，企业如何平衡长期战略与短期利益是一个难点。

（2）战略层与执行层对战略的理解存在偏差。战略层通常从宏观、长远的角度考虑战略,而执行层则更关注具体的落地方法和任务执行。这种视角差异可能导致双方对战略的理解存在偏差。

面对以上问题,企业可以从以下三个方面着手解决:

(1)明确战略方向。企业需要结合自身实际情况和市场需求,制定切实可行的数字化转型战略。

(2)加强内部沟通。企业需要完善内部沟通机制,通过多轮讨论和持续沟通,确保企业内部对数字化转型的目标、路径和优先级达成共识。

(3)整合资源。数字化转型需要投入大量资源,对此企业需要合理规划资源分配,确保各项目之间的协同和互补。

以上策略的实施能够有效解决企业数字化转型中战略不一致的问题,确保企业转型成功。

某制造企业长期依赖传统生产模式和市场渠道,难以应对市场竞争和用户需求变化带来的挑战。对此,该企业决定制定数字化转型战略,推进数字化转型。

然而,在战略持续推进的过程中,该企业却陷入了困境。原来,企业内部对战略的理解出现了偏差:企业高层管理者关注长期战略目标,希望深入推进数字化转型战略,而中层管理者和基层员工更关注短期项目,以实现利润增长。此外,由于缺乏统一的战略指导,企业在数字化转型过程中投入了大量资源,但效果不佳,数字化转型进程缓慢。

针对以上问题,该企业进行了多方面的调整。一方面,该企业搭建了完善的内部沟通机制,通过培训、会议沟通等方式使各层级员工对数字化转型战略达成共识。基于此,中层管理者、基层员工等加深了对数字化转型愿景、目标、工作优先级等的了解,数字化转型战略获得了全体员工的理解和支持。另一方面,该企业成立了数字化转型专项小组,负责统筹协调各部门的工作和资源。在数字化转型专项小组的指导下,各项工作实现了协同和互补,得以稳步推进。

经过一段时间的调整,该企业成功实现了数字化转型,不仅提升了运营效率,还实现了产品和业务模式创新。这使得该企业在市场上的竞争力显著增强,实现了可持续发展。

1.3.2 组织层面：创新组织架构，实现高效协作

企业的组织架构与战略是相辅相成、相互匹配的，在进行数字化转型时，企业的组织架构也需要进行相应的改变。

具体而言，传统企业的组织架构存在信息传递链条冗长、横向协调能力不足的问题，无法适应数字化转型对组织架构的敏捷性和灵活性要求。因此，传统企业的组织架构应进行调整，以助力企业数字化转型。

此外，在传统企业中，IT部门专注于技术方面，与业务部门之间的沟通和协作很少，两个部门之间存在鸿沟。

企业可以从重塑组织架构和实现高效协作两方面入手解决组织层面存在的问题。

在重塑组织架构方面，企业可以通过打造跨职能团队，实现数字化转型业务和技术的有机结合，实现组织架构的优化、重塑。例如，企业可以在内部建立敏捷团队，成员包含IT技术人员、业务分析师、设计师等不同部门的代表，将不同部门联系在一起，实现组织架构创新。

在实现高效协作方面，企业可以制定合理的合作激励机制，包括团队目标奖励、内部竞赛、团队活动等，加强团队间的交流。同时，企业还可以设置一些跨部门协作项目，让不同部门的成员参与其中，促进不同部门之间的沟通和协作。这有助于提升企业的协同与创新能力，培养员工的跨领域思维和全局观念。

1.3.3 资源层面：积累资源，厚积薄发

在资源层面，很多企业存在数字化转型资源不足的问题，以致难以推进数字化转型。企业数字化转型所需的稀缺资源主要有三种：资金、数据和技术。

在资金方面，一些企业不愿意在数字化转型方面投入太多，导致数字化转型资金不足。在数据方面，一些企业进行数字化转型仅使用一小部分数据，导致数据资源不足。在技术方面，技术人才短缺、技术更新缓慢等都会导致技术资源匮乏，难以为数字化转型提供支撑。

面对以上问题，企业需要做好以下三个方面的工作：

（1）为应对资金缺乏问题，企业可以分阶段实施数字化转型，优先推进关键领域和核心业务的数字化转型，再逐步推进全面的数字化转型。同时，企业需要优化内部资源配置，确保资金得到有效利用。

（2）为应对数据缺乏问题，企业可以建立统一的数据共享平台，促进各部门之间的数据流通。同时，企业需要借助数字技术手段提升数据收集、分析的能力，深度挖掘数据价值。

（3）为应对技术缺乏问题，企业需要加强技术人才培训与引入，也可以与专业的技术服务商合作，获得专业的技术解决方案。

为应对数字化转型中的资源问题，大华集团设计了多方面的应对策略。

在资金方面，大华集团制定了"三步走"的数字化转型方案，确保资金的高效利用。同时，其通过精细化的项目管理，确保资金的合理使用，降低了数字化转型的成本。

在数据方面，大华集团通过构建内部数据管理系统，实现了各部门数据共享和流通，提高了数据利用效率。

在技术方面，大华集团积极推进数字化人才招聘与培训工作，同时与外部技术伙伴建立合作关系，共同推进数字化转型。

基于以上策略，大华集团在数字化转型方面取得了显著成果，其数字化转型经验为其他企业提供了有益的参考。

1.3.4 员工层面：培养数字化意识

员工是企业数字化转型的执行者，如果员工对数字化转型的认知不足或存在偏差，就会阻碍企业的数字化进程。

一方面，如果员工对数字化转型的价值缺乏认识，他们可能会抵触新技术、新工具，认为这增加了工作复杂性，不愿意主动学习。而在员工缺乏相应的数字技能的情况下，他们将难以参与数字化转型并为数字化转型作出贡献，甚至可能成为转型的绊脚石。另一方面，如果员工缺乏数字化意识，他们可能难以有效利用数字工具进行沟通和协作，导致信息传递不畅、团队协作效率低下。

为了克服这些阻碍，企业需要采取一系列措施来培养员工的数字化意识。

首先，企业需要加强培训，通过组织培训、讲座等活动，让员工了解数字化转型的重要性并掌握相关的数字技能。其次，企业需要打造数字化文化，倡导开放、创新的价值观，鼓励员工积极探索新技术，为企业数字化转型贡献力量。最后，企业需要引入先进的数字化工具，优化工作流程，提高工作效率，让员工亲身体验到数字化转型带来的便利。

面对数字化转型的大趋势，某制造企业决定启动数字化转型，以提升自己的竞争力。在转型初期，该企业发现员工对数字化转型普遍持观望态度，数字化意识不强，严重阻碍了转型顺利进行。

针对这一问题，该企业组织了一系列数字化转型培训课程，邀请内部讲师、行业专家为员工讲解数字化转型的意义、目标以及具体实施方案。培训课程还包括数字化技能、新工具使用、案例分析等内容，旨在从多方面强化员工的数字化意识。

在打造数字化文化方面，该企业积极开展数字化文化活动，通过比赛、协作等，鼓励员工提出创新性的数字化解决方案。同时，该企业设立了"数字化转型先锋""数字化转型优秀团队"等奖项，表彰在转型过程中表现突出的员工和团队，树立榜样。通过这些举措，该企业逐渐形成开放、创新的数字化文化氛围，促进了员工之间的交流和合作。

此外，该企业引入了更加先进的管理系统、办公系统以及自动化生产线，以优化员工的工作流程，让员工亲身体验到转型的积极影响。

经过一年的努力，该企业的数字化转型取得了显著成果：员工数字化意识明显增强，能够熟练使用新工具和新技术，积极参与到数字化转型的各项工作中。这提升了该企业的数字化程度，为其未来发展注入强大的动力。

1.4 数字化转型是企业求发展的关键

在当前这个瞬息万变、技术日新月异的商业环境中,数字化转型已成为企业求发展的关键。企业需要把握时机,积极推进数字化转型,提升自身竞争力。

1.4.1 把握数字化转型时机

数字化转型是企业顺应时代发展的必然要求。在进行数字化转型时,为了提升转型成功率,企业需要把握好数字化转型的时机。企业进行数字化转型的三个关键时机如图1.3所示。

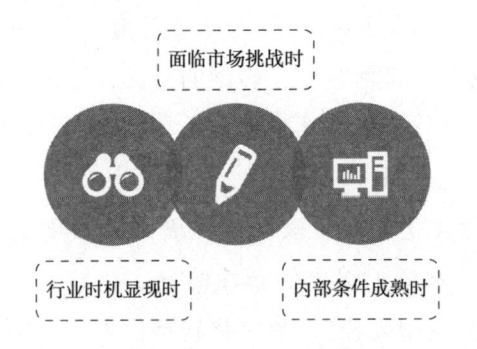

图1.3 企业进行数字化转型的三个关键时机

1. 行业时机显现时

在行业数字化转型初期或高峰期,企业应敏锐地捕捉并抓住转型的契机。在行业数字化转型初期,新技术不断涌现并得到初步应用,企业在此时介入,就有机会成为行业内的先行者,抢占技术红利和市场先机。而在行业数字化转型高峰期,行业内的数字化转型已经形成一定规模,技术和资源相对丰富,企业更容易找到合作伙伴、获取技术支持,从而降低转型的成本和风险。

2. 面临市场挑战时

面对外部环境的不确定性,如市场萎缩、业务模式受到冲击,数字化转型成为企业摆脱困境的重要手段。通过优化业务流程、提升运营效率、创新产品和服务等，企业能够增强市场竞争力，从而在危机中寻得转机。

3. 内部条件成熟时

当企业的数字化基础设施已相对完善，且具备充足的数字化人才以及开放、创新的组织文化时，数字化转型的推进将更为顺畅。完善的基础设施为转型提供了坚实的技术支撑，而数字化人才和组织文化则确保了转型策略的有效实施。这些成熟的内部条件共同为数字化转型的顺利进行提供了有力保障，进一步降低了转型过程中可能遇到的风险。

综上所述，在实际操作中，企业应全面考虑上述三个转型时机，并紧密结合自身实际情况，做出科学合理的转型决策。

1.4.2 了解数字化企业的特征

与传统企业相比，数字化企业具有鲜明的特点。

1. 以用户为中心

企业进行数字化转型实际上是培养多层次体系的以用户为中心的组织能力体系。数字化企业能够以用户为中心设计组织架构，不断挖掘用户的需求，设计满足用户需求的互动方式。

2. 数据驱动决策

数字化企业能够充分利用 AI、大数据等先进技术，构建起强大的数据平台和智能分析系统。通过对市场数据的深入分析，企业能够洞悉市场趋势、竞争对手动态等关键信息。这些数据洞察为企业的科学决策提供了重要依据，使得企业的决策更加精准、高效。

3. 敏捷性

基于业务模式、IT 架构等方面的敏捷化，数字化企业拥有灵活的反应能力，对外能够及时响应用户需求和市场变化，对内能够及时满足管理需求。例如，借助各种数据分析工具，企业能够监控用户需求、竞争对手动态等，并迅速做出产品开发和迭代决策。在产品迭代过程中，企业采用敏捷开发模式，短时间内上线产品，以抢占市场先机。

4. 自动化

基于广范围的网络化连接以及各种智能化系统，数字化企业的管理、决策、业务等都能够实现在线化、自动化。在管理方面，自动化的内部管理系统，如办公自动化系统、人力资源管理系统等，能够自动处理企业内部的日常事务，极大地提高了管理效率。在决策方面，智能决策系统自动收集和分析数据，并基于预设的规则和算法生成决策建议，提高了决策的自动化程度和准确性。在业务方面，数字化设备和系统的应用与业务流程的数字化改造实现了业务流程自动化，进一步提升了业务运转效率。

5. 平台化

数字化企业往往会打造统一的业务运营平台，将员工、供应商、合作伙伴等连接起来。这使得所有参与者都能够在平台上实现数据共享、沟通协作，实现价值共创。这种平台化的运作模式有助于提升企业的运营效率和管理水平。

企业可以将数字化企业的特征作为参考，以转型为数字化企业作为奋斗目标，不断朝着这个方向努力。

1.4.3 宝洁：多方面布局推进转型

宝洁是全球知名的日用消费品企业，其所处的快消品行业具有消费频次高、需求广泛等特点。为了迎合市场需求，实现业务增长，宝洁采取品牌营销与广泛开拓销售渠道的方法。

然而，随着物联网的诞生与电商的发展，宝洁所积累的品牌优势与营销渠道开始瓦解，业绩呈现下滑趋势。面对困境，宝洁深刻认识到传统的供应链模式已难以适应当前快速变化的商业环境。因此，宝洁决定以供应链为核心，进行全面而深入的数字化转型，以适应时代的发展。

1. 生产环节的智能化升级

宝洁不断优化生产流程，提升了生产的智能性。

在自动化生产方面，宝洁利用工业传感器和大数据分析实现了自动化关灯生产、自动化质量检测等，实现了无接触的自动化生产。

在柔性化生产方面，宝洁通过收集用户的消费数据了解用户的喜好，推动了产品创新。例如,宝洁曾打造一个名为"Golden Radar"(金色雷达)的智能系统。该系统能够对上千家媒体的资讯报道进行监控和分析,帮助宝洁了解用户的消费需求、消费场景,进行有针对性的新品开发。同时,宝洁积极进行个性化的产品生产。宝洁旗下的洗衣液品牌汰渍推出了定制洗衣液,以满足用户的个性化需求。

2. 重构供应链网络

宝洁变革了传统的一级分销中心供应链,搭建了两个层级的动态网络架构。其中,第一层为打造大型物流管理系统中心,第二层为打造区域性灵动的前置分销中心。该动态网络架构提升了宝洁供应链网络的灵活性和响应速度。当市场环境或用户需求发生变化时,宝洁能够快速响应,调整生产和供应。

3. 全链路数字化运营

宝洁深入推进全链路数字化,以便能够掌握供应链各端的状态,根据各端需求做出科学的供应链决策。一方面,宝洁在广州成立了供应链数字化运筹中心,将全国的业务集中于一个统一的中枢进行管理;另一方面,宝洁搭建了全链路可视化的数字系统,实现了库存、运输等方面的可视化,提高了全链路的追踪性与供应链的运营效率。

通过以上多方面的努力,宝洁推进了数字化转型,提高了数字化能力。未来,宝洁将持续深耕数字化领域,进行更加深入的数字化探索。

第 2 章

数字化转型技术支撑

"工欲善其事,必先利其器。"这一古训在现代企业数字化转型过程中同样适用。为了在这场深刻的变革中稳健前行,企业应精准把握数字技术的脉搏,充分利用其潜力,推动自身在时代浪潮中破浪前行,实现跨越式的发展。

2.1 大数据:数字化转型的核心驱动力

大数据指的是体量庞大、结构复杂、类型众多的数据集合,是企业进行数字化转型的核心驱动力。大数据能够应用于企业运营的诸多场景中,帮助企业进行全面、准确的业务洞察,了解用户需求,做出高效决策。企业可以合理利用大数据,尽快实现数字化转型目标,在激烈的市场竞争中占据一席之地。

2.1.1 充分认识大数据

大数据在企业数字化转型中的作用日益凸显,企业需要充分了解、挖掘大数据的价值,利用大数据赋能自身发展,打造竞争优势。大数据的价值主要体现在四个方面,如图 2.1 所示。

1. 个性化推荐和精准营销

基于大量的用户数据和智能分析算法,企业可以为用户提供个性化推荐,例如,淘宝的商品推荐、应用商店的软件推荐、网易云音乐的歌曲推荐等。当企业足够了解用户后,还可以通过大数据平台进行商业化延伸,实现精准的广告投放和营销推广。这样既可以有效节约营销成本，又可以提升营销的精准性，实现投入产出比最大化。

图 2.1　大数据的价值

2. 精准划分用户群体

大数据技术可以降低用户数据分析成本，使企业可以轻易根据用户的消费习惯、消费水平等对用户群体进行划分，用不同的服务方式服务不同的群体。同时，企业还可以对不同用户进行更深层次的分析，从而增强用户黏性，降低用户流失率。

3. 加强部门间的联系

即使是为同一个用户提供服务，研发、生产、宣传推广、售后等部门需要的数据也有所不同。提高数据利用效率、加深数据挖掘深度可以增强各部门之间的联系，实现数据共享，进而提高整个产业链的运作效率。

4. 模拟真实环境

在存储了海量的用户数据后，企业就可以通过数据模拟真实环境，从而满足用户更深层次的需求。例如，"天津地铁" App 通过实景模拟的方式预测站内客流量，为用户提供车站客流热力地图，使得用户可以更好地制订出行计划。

数据作为一种新型生产要素，已经成为企业宝贵的经济资产，能助力企业创新，提升产品价值。只有充分了解大数据的价值，企业才能精准把握时代脉搏，更好地实现数字化转型。

2.1.2　大数据的应用场景

在数字化时代，大数据已经渗透企业运营的方方面面。在数字化转型中，大数据的应用场景主要有以下四个：

1. 数据治理

在数字化转型过程中，许多企业面临系统分散、数据杂乱且质量不高等问题。大数据技术能够助力企业构建统一的数据治理平台，对结构化、半结构化、非结构化数据以及外部数据进行整合、集成和管理，打好数据底座，为数据驱动业务提供支撑。

此外，大数据技术能够提高企业的数据管理和风险控制水平，保障用户数据安全和隐私权益。

2. 营销

借助大数据，企业可以收集和分析用户的购买历史、浏览记录、搜索行为等数据，了解用户的偏好和需求。基于此，企业可以构建精准的用户画像，并据此开展有针对性的营销活动或实现个性化的产品推荐。

3. 决策

大数据技术能够处理和分析海量市场数据，包括行业报告、竞争对手动态、用户反馈等，帮助企业预测市场趋势和变化。基于这些预测，企业可以制定科学的战略规划和业务决策。例如，基于大数据分析，企业能够迅速捕捉到市场变化，并调整策略以应对潜在的风险和机遇。

4. 运营

在生产、销售、物流等运营环节，企业能够借助大数据进行实时监控和预测，进而优化资源配置，降低运营成本。例如，企业能够通过分析生产设备的运行数据，预测设备故障并进行预防性维护；通过分析物流数据优化运输路线和配送计划等。

总之，大数据在企业数字化转型中扮演着重要角色。通过深入挖掘和分析数据价值，企业能够实现有效的数据治理、精准营销、科学决策和高效运营。

2.2 AI：数字化转型的加速器

如今，AI 技术已经渗透至企业运营的各个层面，成为企业数字化转型的加速器。AI 不仅能助力企业实现技术创新，还能推动战略决策、生产流程等方面实现根本性变革，确保企业在汹涌澎湃的数字化浪潮中保持领先地位，不被其他企业超越。

2.2.1 全面分析 AI 发展现状

AI 是一门新兴的技术学科，不仅能够推动科技领域的革新与产业变革，引领各行各业的数字化转型，还能推动全球经济增长。

目前，AI 已经深入各行各业，包括医疗、金融、教育、制造等。各个行业都在思考如何利用 AI 推动自身发展，为用户提供更加优质的服务。例如，在医疗行业，医生利用 AI 技术进行病情诊断，有效提高诊疗效率和精准度；在金融行业，银行、证券交易所等金融机构利用 AI 技术进行业务风险评估，以做出科学的投资决策；在教育行业，教师利用 AI 技术为学生提供个性化教学，通过对学生的日常学习数据的分析，制定有针对性的学习方案。

我国 AI 的发展已经初具规模，但是在一些方面仍存在不足，制约了进一步发展：一是基础理论和原创算法与国外的差距较大；二是核心芯片和关键部件等研发力量薄弱；三是未形成有巨大影响力的 AI 开源开放平台；四是顶尖的 AI 高端人才不足。

随着市场竞争的加剧，越来越多的企业进行数字化转型，以提升运营效率与竞争力。而 AI 技术凭借其强大的数据处理与分析能力，成为企业数字化转型的重要推手。很多企业用 AI 替代人工从事重复、精密、重体力的工作，不仅大幅提高了生产与经营效率，还创造了新的增长点。AI 技术的应用不断深化与拓展，也将进一步推动 AI 技术的发展与完善，充分挖掘其价值与潜能。

2.2.2　AI进入商业化阶段

从概念到应用，AI已经出现在大众视野中，进入了商业化阶段。AI技术能够应用于多个场景，在多个环节为企业的数字化转型提供助力，提升企业的运营效率。AI商业化落地的方向主要有五个，如图2.2所示。

```
提高物流效率
处理数据
获得用户支持
改善购物模式
自动化办公
```

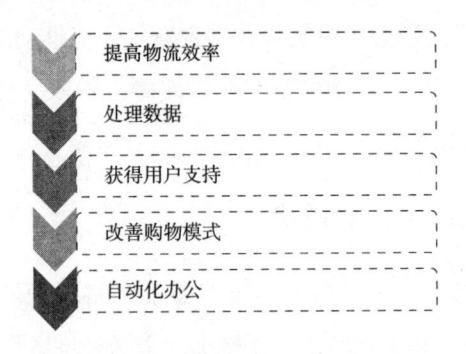

图 2.2　AI商业化落地的方向

1. 提高物流效率

随着电商行业的发展，物流行业亟须提高效率。AI可以帮助物流行业完成去人工化，提升自动化程度。亚马逊、阿里巴巴、京东、顺丰等巨头都采用分拣机器人、自动导向车（automated guided vehicle，AGV）、无人仓、无人机等智能设备进行分拣、入库、配送等工作，极大地提高了物流效率。

2. 处理数据

数据现已成为企业的宝贵资产，AI可以帮助企业有效处理数据。AI不是静态的，它可以快速学习和调整，帮助企业快速、有效地挖掘数据中包含的特定信息，从而及时调整业务决策。

3. 获得用户支持

随着电话、消息、社交媒体的进一步数字化、自动化，自动语音机器人也在进一步改进。企业可以通过智能设备自动联系、维护用户，随时解决用户的问题，有效提升用户体验。

4. 改善购物模式

AI可以通过分析用户以往的购买行为，分析出用户的购买方式、交易习惯、价格期望等，进而为他们提供定制化的购买体验。这使得购物模式逐渐从产品主导转变为用户主导。

5. 自动化办公

AI可以处理所有单调、乏味的日常任务，进一步简化企业的组织结构。这对中小企业来说是一个福音，因为中小企业资金有限，无法承担巨大的人力成本。AI可以让所有的低价值劳动被机器代替，只留下核心业务人员，这样既能减少人力成本，又能提高办公效率。

随着AI的进一步发展，尤其是大模型的诞生，AI的商业化空间将进一步拓展，能够为企业提供更多便利。

2.2.3 制定符合数字化转型背景的AI战略

企业的战略布局应该与时代背景相契合。在数字化转型的大背景下，企业可以制定与数字化转型战略相匹配的AI战略。企业制定科学、合理的AI战略的方法如图2.3所示。

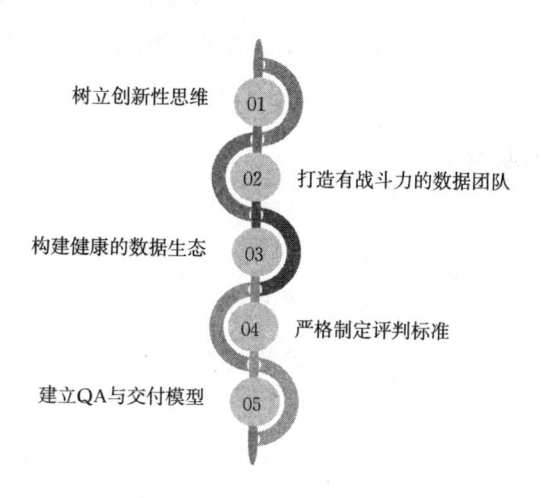

图2.3 制定AI战略的方法

1. 树立创新性思维

企业数字化转型是在不断探索中实现迭代升级的过程。就像进行科学实验一样，最初的论断可能会在探索的过程中被推翻，企业需要不断地利用最新数据提出新的猜想。因此，企业应该树立创新性思维，不断构想出指导性更强、可行性更高的发展目标,并制定相应的战略。

2. 打造有战斗力的数据团队

AI战略的监督和管理工作需要交由专业的数据团队进行,团队成员需要具有业务、技术或者数据分析等方面的专长,并具有部署与维护管理系统的技术能力。只有这样,企业才能保证制定出的战略切实可行。另外,在战略的推进受到阻碍时,专业人员也能更快地分析与解决问题。

3. 构建健康的数据生态

AI战略的执行需要建立在大量数据的基础上。因此,建立一个健康的、能够获取高质量数据资源的数据生态至关重要。这就要求企业在不牺牲数据安全的前提下,想方设法协调数据访问的灵活性,如引入语音、图像、文字等数据源,增强数据管理能力。

4. 严格制定评判标准

大到对战略目标的要求,小到如何验证开发模型,企业管理者都需要与数据团队达成一致。这是因为新建立的AI模型会颠覆传统的质量标准,测试时的数据无法对生产实践产生指导作用,因此企业应该根据最新数据及时更新评判标准。

5. 建立QA与交付模型

完成部署后,企业需要将AI战略应用于IT实践,并持续对其进行迭代与调整。在这个过程中,企业很难按照传统模式制订迭代计划,也很难精准预测数据的更新间隔。这就要求企业建立相应的质量保证(quality assurance,QA)和交付模型,并严格遵循初始开发方式持续、稳定地对其进行维护。

以上就是制定AI战略的要点,企业应该充分把握这些要点,借助AI实现人与机器的协同发展,抢占行业发展的先机。

2.3 云计算:数字化转型的重要支持

云计算是以互联网为基础,为用户提供计算资源和服务的技术,具有灵活性、可靠性和安全性等特点。在数字化趋势下，许多企业利用云计算实现灵活的资源管理、高效的应用部署等，提高运营效率，及时响应客户与市场的需求。

2.3.1 云计算产业蓬勃发展

云计算作为一种技术解决方案，主要为企业提供计算资源、存储空间、数据库等IT基础设施和灵活、高效、便捷的资源调配方式。

基于云计算的种种优势，越来越多的企业开始布局云计算。这意味着企业不需要打造自己的服务器，即可享受多种网络服务。云计算作为实现数字化转型的技术基础之一，可以帮助企业快速实现业务增长，具有广阔的发展前景。云计算的应用主要体现在四个方面：

（1）互联网数据中心是云计算最基础的应用方式。随着数字经济的发展，我国的数据存量呈现井喷式增长。基于庞大的业务需求，越来越多的企业致力于数据中心建设工作。如今，一线城市的数据中心市场逐渐饱和，但在市郊、西部地区等电力成本较低的地区，仍存在广阔的市场。

（2）随着百度、阿里巴巴、腾讯等互联网龙头企业的深入挖掘，公有云的格局基本确定。但各行各业对公有云的需求有所不同，诸如UCloud、七牛云等提供"行业云"服务的企业同样获得了良好的发展。针对不同的行业提供计算能力、安全、流量等方面的云计算服务，也是一个很好的发展机会。

（3）由于数字化程度较低，传统企业在进行数字化转型时通常会寻求外部的技术支持，但那些需要严格保密的数据不能使用公有云进行计算或存储。在这种情况下，混合云和私有云就可以满足这些企业的需求。从当前发展来看，混合云和私有云市场存在很大的发展空间。

（4）互联网将个人与企业的行为存储为非结构化的数据，大量的行为数据被存储在云端。如何筛选其中的有效数据，并将其进行分析、整合，也是数字化时代企业数字化转型的重要方向，如利用行为数据预测流感的暴发时间或企业经济增长的黄金时段等。

数字化转型要求企业打破原有的运营模式，实现业务、产品、服务等全方位的转型。企业只有坚持自我革新，才能在激烈的竞争中保持领先地位。云计算是推动企业创新发展的强效催化剂，是企业实现数字化转型的基石。未来，企业诸多业务都将部署在云端，业务将更加灵活。

2.3.2 数字化时代，业务上云十分紧迫

在数字化浪潮的冲击下，企业面临巨大的转型压力。在这样的情况下，业务上云成为企业实现数字化转型的必然选择。

1. 业务上云的必然性

业务上云指的是企业将存放在本地的应用程序和数据迁移到云平台上进行管理。这可以降低企业的运营成本，提高企业业务管理的灵活性。逐渐互联网化的数据平台以及云计算技术，使得企业的业务上云成为必然。

（1）数据平台逐渐互联网化。传统的企业管理系统通常只用于增强企业管控能力或扩大信息获取渠道，各个部门之间的系统相互独立，系统间的各项数据不共享。如今的企业管理系统越来越注重用户体验，根据用户需求不断迭代自身的数字化产品。这种新型管理系统要求企业将作为基础支撑的数据平台以及前端的用户案例互联网化。为降低运营成本，许多企业都选择将旧系统的硬件移植到云端，因而数据平台具有云计算能力。

（2）云计算是数字化转型的核心驱动力。云计算在数据处理能力、迭代升级的速度以及计算性能的优化等方面都有显著的优势。许多软件商为了提升自身产品性能，更好地融入行业生态，将云计算作为产品的主要技术架构。这可以帮助企业将资本性支出转变为运营性支出，增强企业财务模式的弹性，帮助企业优化资本结构。

2. 业务上云要做好的工作

企业想要成功实现业务上云，就需要做好三个方面的工作：

（1）信息收集。实现业务上云需要企业收集各类业务信息，做好事前调查工作，为实践做好充足的准备。

（2）需求评估。企业从业务需求的角度出发，评估目前的发展状况，根据评估结果决定是否可以实行业务上云。

（3）风险分析。企业对收集的信息进行归纳整理，分析业务上云的潜

在风险,事先准备好相应的解决措施,让业务上云没有后顾之忧。

企业要想成功实现业务上云就要做到以上三点。业务上云能深化企业在互联网时代的智能性,推动数字化转型进程不断加快,降低企业运营成本。

2.3.3 飞利浦企业上云,降低运维成本

出于降本增效的需求,许多企业与时俱进,走上了数字化转型之路,尝试将先进技术应用于日常运营,加快数字化转型的步伐。

以制造行业的领军企业飞利浦为例,它巧妙地借助企业应用上云的策略,显著降低了运维成本,彰显了其前瞻性的布局与执行力。

20世纪,飞利浦通过不断拓展业务获得了极大的发展,其股价和市值飞涨。但随着业务版图不断扩大,部分业务表现不佳,飞利浦不得不逐步剥离非核心业务。最终,飞利浦聚焦健康科技领域,致力于打造覆盖疾病预防、诊疗到康复的全链条健康服务体系,为用户带来全方位的关怀。

尽管业务重心已发生深刻变革,但是飞利浦仍未摘掉"制造业"的标签。对此,飞利浦开始尝试引入云计算、大数据等技术,以实现业务转型。

在医疗领域,飞利浦尝试利用数字技术进行慢性病防治与分级诊疗,为用户提供一站式的疾病治疗方案。例如,飞利浦曾经与医疗机构合作,为用户提供心脑血管疾病术后康复的数字化解决方案。

这种商业模式需要强大的IT基础设施的支持,而自建数据中心无法满足这一要求。飞利浦便利用云平台进行基础设施建设,不仅能够提高操作的灵活性与便捷性,还能够将云上提供的大数据、AI平台作为基础设施快速融入企业的业务系统。

最终,在经过一系列技术评估后,飞利浦与阿里云展开了合作,将企业应用从传统IT系统迁移到阿里云上,实现了业务上云。在实现业务上云后,飞利浦有效缩减了54%的IT运维成本,降低了运维人力成本,在多个方面展现了优势。

对于面临发展瓶颈的传统企业而言,飞利浦无疑为它们提供了一条值

得借鉴的破局之路。数字技术正以其独特的魅力与力量，引领着这些企业走向更加光明的未来。

2.4 物联网：数字化转型的重要参与者

物联网是以互联网为基础而进行延伸和扩展的网络，核心仍是互联网。在数字化时代，物联网是企业数字化转型的重要技术支撑。企业能够利用物物相连的特性，搭建智能物联的网络，让网络中的设备变得更加智能。对于企业而言，物联网能够帮助其提高运转效率，更好地服务用户。

2.4.1 万物互联时代已经来临

物联网作为一项创新性技术，正逐步走进人们的生活，为人们带来全新的体验。随着物联网技术不断进步，万物互联的图景正徐徐展开。在"互联网+"的助力下，海量信息在全球范围内无成本流淌，人与人、人与物、物与物都可以自由地连接，万物互联似乎已经成为现实。实际上，这一切才刚刚开始。

在首届世界互联网大会上，有人曾预言，在不久的将来，所有的事物将会通过物联网连接起来。无论是手提电脑、手持的仪器，还是眼镜、衣服、鞋子、墙，甚至一头牛，都有可能被物联网联系起来。到2040年，这样的现象会非常普遍，所有人和物都会通过移动设备联系起来，所有的数据都会被存储在云终端，具有非常高的处理速度以及非常大的容量。

他所预言的场景非常有吸引力。事实也证明，互联网的确正以较快的速度向万物互联进化。在这种情况下，人与人之间的连接变得越来越紧密，连接方式也越来越多。

从人类生活的角度来看，万物互联不仅实现了生活的智能化，还提高了人类的创造能力。这样一来，人类就可以在享受高品质生活的同时做出更好的决策。从企业的角度来看，万物互联可以帮助企业获得更多有价值的信息，大幅度降低企业的运营成本，进一步提升用户体验。由此看来，万物互联确实拥有非常广阔的市场前景。

2.4.2 物联网平台的六大功能

物联网是新一代信息技术的重要组成部分，能够将物理设备、传感器与互联网连接起来，为用户和企业提供许多智能化的应用，打造庞大的智能生态系统。而物联网平台能够基于物联网技术，实现对各种系统、设备的统一管理，提升企业管理的智能性。物联网平台主要有六大功能，如图2.4所示。

01 实现设备的管理与连接
02 数据的收集与传输
03 数据的分析与处理
04 应用开发与集成
05 用户界面与交互
06 保障数据安全

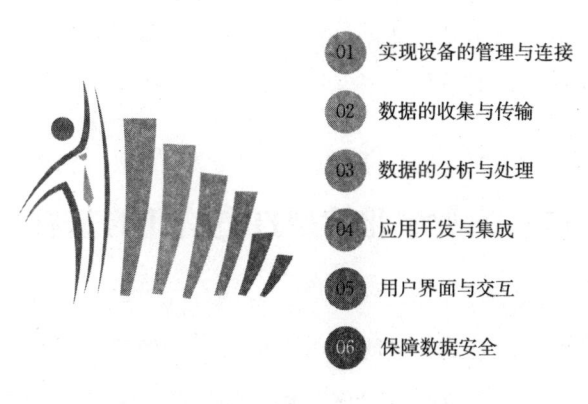

图2.4 物联网平台的六大功能

（1）实现设备的管理与连接。物联网平台能够提供一个集中管理设备的界面，连接、管理各类设备，包括智能家居、医疗设备等。物联网平台通过标准化的协议保证各种类型的设备能够协同工作。

（2）数据的收集与传输。物联网平台能够收集物联网设备产生的大量数据，并利用网络传输到云端或者本地服务器。这一过程要求物联网平台具有高效的数据传输能力，保证数据的完整与安全。

（3）数据的分析与处理。物联网平台收集到的数据往往需要经过分析、处理，才能够提取出有价值的信息。而物联网平台往往拥有强大的数据分析引擎，能够对历史数据进行分析，并根据数据进行预测，帮助企业做出决策。

（4）应用开发与集成。物联网平台为开发人员提供了丰富的开发工具和应用程序编程接口（application programming interface，API），使开发人员能够快速搭建物联网应用。此外，物联网平台还支持开发人员搭建的物联网应用与其他系统集成，进一步提高系统的智能性。

（5）用户界面与交互。物联网平台为非技术用户提供了直观的用户界面，使用户能够随时监控设备状态、了解设备数据等。此外，物联网平台还为用户提供定制化服务，满足用户的个性化需求。

（6）保障数据安全。在数字化时代，许多数据都是以数字形式进行存储，因此，保障数据的安全性十分重要。物联网平台十分注重设备的安全连接、数据的安全传输以及应用的安全运行，防止数据泄露。

物联网平台作为连接现实世界与数字世界的桥梁，能够进一步推动设备的智能化，提高系统的高效性，进一步提高企业运行效率，加快企业数字化转型的步伐。

2.5 区块链：为数字化转型打造信任的基石

区块链具有去中心化、透明性与不可篡改的特性，不仅重新定义了价值传递的方式，还为企业间的合作、数据的保护以及资产的安全交易提供了前所未有的信任保障。区块链作为数字经济发展的一项重要基础设施，正引领我们迈向一个更加高效、透明且互信的新时代，为各行各业的数字化转型奠定坚实的基础。

2.5.1 区块链的本质：一个分布式账本

区块链的本质是一个去中心化的分布式账本，能够通过共识机制保证数据不可篡改，从而提高数据的安全性。目前，区块链技术仍处于发展初期，随着研究更加深入，区块链技术将深入各行各业，带来巨大的技术变革。

在分布式账本模式下，一个账本必须有唯一确定性的内容，而且每个用户只可以获得唯一的一个真实的账本。账本里的任何变化都会被区块链反映出来，反映时间通常仅为几分钟甚至几秒钟，否则账本就会失去参考意义。

在信息化时代，中心化的记账方式覆盖了社会生活的方方面面。然而，中心化的记账方式有一些弊端，例如，一旦中心被篡改或被损坏，整个系统就会面临危机。如果账本系统承载的是整个货币体系，还会面临中心控制者滥发导致通货膨胀的风险。

中心化的记账方式对中心控制者的能力、参与者对中心控制者的信任以及相应的监管法律和手段都有极高的要求。那么，有没有可能建立一个不依赖中心及第三方却可靠的记账系统呢？

从设计记账系统的角度来说，系统的构建需要让所有参与方平等拥有记账及保存账本的能力，但每个参与方接收到的信息不同，记录的财务数据也有所不同。数据一致是记账系统最根本的要求，如果每个人记录的数据都不一致，记账系统就失去了价值。

区块链能够确保数据的一致性。如果将接入记账系统的每一台计算机看作一个节点，那么区块链就是以每个节点的算力竞争记账权的机制。

例如，在数字货币系统中，算力竞赛每10分钟进行一次，竞赛的胜利者能获得一次记账权，即向区块链这个总账本写入一个新区块的权力。也就是说，只有竞争的胜利者才能记账。完成记账后，区块链就会与其他节点同步信息，产生新的区块。值得注意的是，算力竞争如同购买彩票，算力高的节点相当于一次购买多张彩票，只能相应地提升中奖概率，却不一定会中奖。

这里的奖品指的是数字货币，发放奖励的过程就是数字货币发行的过程。每一轮竞争胜利并完成记账的节点，都会得到系统给予的一定数量的数字货币奖励。节点为了获得系统发行的数字货币，就会不停地计算。这种设计将货币的发行与竞争记账机制结合起来，在引入竞争的同时，也解决了发行的难题。

去中心化的记账系统可以承载的各种价值形式，除数字货币外，还包括可以用数字定义的资产，如股权、产权、债权、版权、公证、投票等。这意味着区块链可以定义更复杂的交易逻辑，区块链技术也因此被广泛应用于各个领域。

2.5.2 用区块链搭建信任基础

在数字化时代,信任成为推动合作的关键要素。区块链以其独特的分布式账本机制,为企业提供了一个创新且强大的工具,用以搭建起坚固的信任基础。它不仅确保了信息透明、可追溯,还通过加密算法保障数据安全与隐私,让信任在无须中心化中介的情况下得以建立与传递。

区块链上的所有信息都是唯一、真实、无法被篡改的,这能很好地解决交易中的信任问题。交易中每个节点的信息都被记录并保存下来,所以交易的每一步都是可以追溯的。这表明如果交易出现问题,通过追溯各交易节点的信息,就可以找到交易是在哪个节点出现了问题。这对交易双方信任关系的建立是十分有利的。

如今,越来越多的企业引入区块链技术,希望在数字化时代实现新的突破与发展。例如,京东成立了"京东品质溯源防伪联盟",用区块链搭建京东防伪溯源平台,以实现线上线下商品的追溯与防伪,加强品牌方与用户之间的信任。

用户在京东商城中购买了肉制品,就可以通过包装上的溯源码查询肉制品来自哪个养殖场以及喂养饲料、产地检疫证号、加工企业等信息。此外,用户还可以在溯源信息中查看商品的配送信息。例如,京东与科尔沁牛业合作,用户在京东商城购买科尔沁牛业产品,就能够从养殖源头环节全程追溯产品信息。

在区块链防伪溯源平台上,京东向品牌商和零售企业开放四种支持技术:数据采集技术、数据整合技术、数据可信技术、数据展示技术。通过区块链防伪溯源平台,非法交易、欺诈造假等行为都将无处遁形。

京东将区块链防伪溯源平台的使用经验逐渐导入线下零售领域,引领"科技零售""可信赖购物"的新风尚。未来,区块链防伪追溯平台将以京东商城为中心持续扩展,实现供应商、监管机构、第三方认证机构在联盟链节点方面的整体部署。

2.5.3 区块链+供应链:解决行业痛点

对于企业而言,供应链管理十分复杂。一个产品的供应链可能包含上百个阶段、多个地区，涉及多个人和企业。这意味着，当产品出现问题时，企业很难确定问题出现在哪一个环节。不仅如此，由于大部分产品上没有流通数据的标记，要想召回所有问题产品，企业需要投入大量的时间和人工成本。

当企业将区块链技术应用于供应链管理后，上述问题就迎刃而解了。区块链技术可以实现对相关数据的采集、挖掘、分析、存储，从而加大对供应链的监测力度，实现对各个环节的追踪。以此为基础，企业就可以利用最短的时间、最低的成本召回问题产品。

盒马鲜生是阿里巴巴旗下的一个新零售代表，其中，"日日鲜"系列的蔬菜、水果、肉类、鸡蛋等各类食品均实现了全程动态化的追踪。扫描食品包装上的二维码，用户不仅可以获得食品生产基地的照片，还可以获得食品的生产流程、生产商的信用资质、食品检验报告等信息。

盒马鲜生相关负责人曾表示，他们采用了二维码追溯、无线采集工具、共享工作流、区块链等先进技术保障食品的安全，让用户能够买到更加安全放心的食品。盒马鲜生已经成功实现食品供应链监测与区块链技术的整合，构建了一个可持续运营的食品安全管控体系，实现了供应环节的全程监控。

区块链技术为企业提供了实时、精准的产品视图，使供应链生态网络的构建成为可能，有效提升了行业透明度，降低了行业风险，极大地提升了各个相关企业的利润。

第 3 章

打造数字化转型战略

战略是连接企业现在与未来发展的桥梁，数字化转型战略为企业的数字化转型指明了方向。在完善的战略指引下，企业能够明确转型路径，实现高效的转型。

3.1 形成战略思维：数字化转型开端

在竞争越发激烈的数字化时代，战略思维的重要性越发凸显。战略思维意味着企业能够以全局性、前瞻性的视角审视行业趋势，构建适应未来发展需求的蓝图。只有深刻理解数字化转型的内在逻辑，精准把握市场脉搏，将技术创新融入企业战略，企业才能在这场没有硝烟的竞争中脱颖而出，开启发展新篇章。

3.1.1 多方联动，实现生态共建

如何进一步压缩数字化转型成本、缩短回报周期是很多中小型企业面临的转型难题。对此，许多中小型企业尝试通过多方联动、携手客户企业的方法，形成产业集群，共建数字化生态。

一些服务商推出了"节能收益，共享分成"的合作方式。例如，蘑菇物联是一家工业领域的 AI 企业，其创新了业务合作模式，与通用工业设备产业链的上下游企业进行合作，实现了风险共担，并与这些企业按照一定的比例分享数字化转型所带来的收益。这一模式有效提升了企业的转型意愿，并带动了整个通用工业设备产业链的数字化、智能化转型。

美的、立白等行业龙头企业则另辟蹊径，纷纷向平台化方向转型。这些老牌龙头企业积累了深厚的上下游资源，能够实现产业链资源优化配置与高效协同。

对于中小型企业而言，这无疑是一条快速实现数字化转型的捷径。它们可以依托平台企业的力量，以产业集群的方式加速转型进程，有效降低转型成本和风险，提升转型效率。

值得一提的是，数字技术在企业数字化转型过程中发挥着不可或缺的作用。它如同产业生态的黏合剂，紧密连接了产业链的各个环节，提高了协同性，促进了大中小企业之间的融通和创新。

以日化行业为例，长期以来存在的产业链断层问题严重制约了行业的发展。而立白作为行业龙头企业，果断出击，搭建了日化智云行业平台，成功实现了上下游资源的有效整合，并建立了行业数据中心。这一平台为中小型企业提供了从客户需求洞察到产品定制的一站式数字化服务，助力企业实现品牌建设、市场开拓，推动中小型企业向规模化、专业化的方向发展。

随着多方联动的加强，行业生态日益完善，中小型企业的数字化之路也更加宽广。在各方共同努力下，中小型企业能够顺利跨越数字化转型的难关，迎来更加辉煌的明天。

3.1.2 战略先行，确定转型基调

企业数字化转型牵一发而动全身，能够打通企业的全域系统、流程，实现企业的整体优化。数字化转型要求企业集中整合过往数据，深入挖掘数据资产价值。企业要先转变战略理念，打好战略基础，为数字化转型后续工作指引方向。

下面以 A 企业为例对数字化转型中的战略转型进行说明。A 企业依靠早年市场的快速扩张，曾一度成为行业内的领头羊。A 企业的经营战略是主打线下高端实体经营，其线下经营模式广受用户欢迎。但随着时代的发展，用户的消费需求和消费行为也有了很大的改变，线下经营的模式不再受用户欢迎。A 企业早年的业态定位较为单调，导致线下经营模式利润微

薄,业绩连年亏损。

A企业逐渐意识到,互联网时代的市场竞争异常激烈,稍有不慎就会被淘汰。而由于消费群体、市场需求的变化,传统的线下经营模式已经不能顺应时代发展潮流。挑战和机遇往往相伴而来,互联网的发展和科技的进步带给A企业另一种可能——线上经营与线下经营相结合。A企业开始积极探求新的出路,希望通过调整自身单调的业态定位,转变主打线下高端实体经营的模式,以线上经营为主、线下经营为辅,带给客户不一样的消费体验。

A企业与某互联网公司联合开发了一个数字化平台,通过大数据技术集中整合A企业线下实体经营门店的数据,进一步完善A企业原有的产品供应链,打造"人、货、场"数字化、一体化的线上经营模式。该平台利用底层数字技术为A企业赋能,使A企业的服务能力与运营能力均得到提高。A企业趁势推出新的产品,通过增强现实(augmented reality,AR)、虚拟现实(virtual reality,VR)、3D立体展示等技术,为客户提供数字化的交互方式。线上的数字化平台和线下产品的试用,使客户获得了"线上+线下"一体化的服务体验。

A企业的经营战略转型很成功。用户通过A企业的数字化平台挑选产品后可以直接下单,也可以在线下试用产品后再在线上下单购买。依托"线上+线下"一体化的经营战略,A企业的销售额实现了增长,其主推的一款产品的销售额增长了200%,有46%的新用户来自线上。在促销期间,A企业的订单同比增加8倍。

如今,A企业的"线上+线下"一体化经营战略已经拓展到多个场景,许多品牌都与A企业开展合作,将自家产品发布到A企业的数字化平台上。除了一、二线城市的客户外,三、四线城市的用户也可以通过A企业的数字化平台挑选各种线下不常见的产品。

A企业数字化平台负责人认为,打造数字化平台的目的有两个:一个是A企业自身可以开拓更广阔的市场,抢夺那些没有线下经营场所的城市的客户;另一个是帮助更多品牌方进入三、四线城市的市场,使它们与A企业实现共赢。

不难看出，在互联网时代，传统企业必须做出改变，但数字化战略转型也绝非简单调整企业经营战略那么简单，而是一场"人、货、场"全面升级的数字化变革。

3.1.3 数字化转型与"木桶理论"

木桶理论指的是一个木桶的最大容量不由最长的木板决定，而是由最短的木板决定。这一理论在企业管理中同样适用，强调了企业整体效能的高低受其最薄弱的环节影响。因此，如果企业要实现全面发展，就要高度重视并着力弥补短板。

企业数字化转型是一场系统性的变革，需要兼顾多个方面。如果任何一方面发展不完善，企业都无法完成高质量的数字化转型。

影响企业数字化转型的要素有数据、应用、人才、工具、经验和中台。如果这六大要素存在短板，那么企业的数字化转型便会受阻。

（1）数据。数据是企业数字化转型的基石。企业需要对内外部数据进行全面盘点，建立统一的数据标准，并逐步形成可资产化的数据资源。只有这样，企业才能确保数据的准确性、完整性和可用性，为数字化转型奠定坚实的基础。

（2）应用。应用是企业数字化转型的重要驱动力。企业需要深入梳理业务场景，挖掘数智化应用的价值，将先进的技术手段与实际业务需求紧密结合，推动业务流程的优化和创新。

（3）人才。企业需要将人才划分为高层次人才、中层次人才和基层数字人才，构建多元化、多层次的人才体系，并对不同层次的人才提出不同的要求。首席技术官（chief technology officer，CTO）、首席数据官（chief data officer，CDO）等高层次人才，既要懂技术原理，又要了解业务逻辑。中层次人才要拥有能够将数据转化为数字化产品并赋能业务应用的能力，推动技术部门与业务部门深度融合。基层人才则需具备扎实的数据分析和业务分析能力，为企业的决策提供有力支持。

（4）工具。工具的选择同样至关重要。企业应根据自身实际情况，合理选择数据存储、处理和分析的相关工具，确保数据的高效利用和价值的最大化。

（5）经验。在选择数字化转型咨询公司时，企业要选择具有丰富的行业落地经验、数据运营经验的公司。这类公司了解数据应用场景和数据价值，能够针对企业的业务挖掘出数据需求痛点，搭建符合企业实际的数据应用场景。

（6）中台。中台能够提高企业的响应能力和内部工作效率。在构建中台时，企业应充分考虑其兼容性、扩展性和迭代性，确保其能够持续为企业的发展提供有力支持。

在数字化转型的道路上，企业可以运用"木桶理论"全面审视自身的短板和不足，并采取有效措施加以弥补和提升。基于此，企业才能在激烈的市场竞争中立于不败之地，实现持续、健康、快速的发展。

3.2 选择合适的数字化转型战略

选择合适的数字化转型战略，不仅是企业把握时代脉搏、引领行业潮流的关键，更是企业实现可持续发展、跨越式增长的必由之路。合适的数字化转型战略意味着企业能够更高效地配置资源、更精准地洞察市场变化、更灵活地响应客户需求，从而在激烈的市场竞争中脱颖而出。

3.2.1 以用户需求为中心

企业进行数字化转型的本质是运用数字技术实现自我革新，以更好地满足用户的需求，为用户创造更多价值。对此，企业可以将用户的需求作为切入点，制定数字化转型战略。

Tumblr（汤博乐）是全球轻博客网站的始祖，既注重表达，又注重社交，而且注重个性化设置，受到很多年轻人欢迎。

戴维·卡普创建Tumblr的初衷是满足个人的需求。当时博客虽然已经成为人们生活中不可或缺的一部分，但是博客的关注点只是文字的编辑，用户的其他需求无法被满足。戴维·卡普意识到了这一点。

戴维·卡普指出："你会得到一个空白的输入框，然后你需要想出一个可以说服读者进行点击的标题，然后你需要编写几段通过优美的 HTML 呈现出来的段落和布局良好的图片，然后你还可以提供一些音频，完成一个真正的创作。"

戴维·卡普站在大众角度创建了这个以用户为中心的轻博客，在不到 5 年的时间里，轻博客就得到了众多年轻用户的拥戴，成为十分流行的社交网站之一。戴维·卡普将 Tumblr 现在的成功归功于 Tumblr 具有"更多东西"这个愿景。Tumblr 与博客之间的最大区别是，它不仅有空白的文字编辑框，还加入了多元化要素，如照片、音频和 GIF 动画等。

戴维·卡普表示，Tumblr 将持续关注用户的体验，推出满足用户的普遍需求和受用户欢迎的功能。

除了 Tumblr 外，另一社交媒体也积极践行以用户为中心的发展策略。该企业之所以能够持续发展到现在并变得如此强大，就在于其以用户需求为中心。企业团队对产品有很多想法，但是通常会先让用户去验证这些假设，之后才会进一步决定是否应该将假设具化为新功能。正如其联合创始人查德·赫利所说："我们对于产品的发展其实有着很多的想法。比如可以效仿 PayPal 和 eBay，我们可以采用非常强大的视频融入拍卖的方式，但是我们并没有看到我们现在的用户会这样使用我们的产品，所以我们并没有增加这些功能。"

想要生产出受用户欢迎的产品，企业在研发产品时，不能盲目地以自我为中心对假设给予肯定，而要让用户参与到产品假设验证中来，倾听用户的心声，明确产品能否真正满足用户的需求。然后，企业再根据用户的反馈信息对产品做出调整。

亚马逊公司作为美国最大的一家网络电子商务公司，目前已经在全球范围内实现了网上零售。亚马逊的壮大离不开创新，而创新离不开用户反馈的真实信息。亚马逊创始人杰夫·贝索斯曾说："我们通过用户的反馈进行创新，然后又反过来为我们的用户作贡献。这成为我们进行创新的试金石。"

自从创建以来，亚马逊一直秉承着用户至上的原则，以用户为中心制造产品。即使亚马逊现在已经成为全球在线零售巨头，发展十分迅猛，也依旧坚持着最初的愿景。

从几家公司的成功中可以看出，企业不能有火箭发射式思维，陷到自己设计的宏伟蓝图中，而要从实际出发，促使思维方式从以自我为中心向以用户为中心转变。

3.2.2　重点关注单一领域

在进行数字化转型时，相较于一开始就全面推进转型，企业重点关注单一领域，实现业务的聚焦，更容易在行业内脱颖而出。

Webvan（威普旺）曾是美国市场中一家非常受欢迎的在线生鲜杂货零售商，但仅运行两年，就宣告破产。后来，亚马逊悄然进入在线生鲜杂货领域。当时亚马逊的规模很大，稳坐在线零售市场的头把交椅，完全可以像 Webvan 一样快速地复制产品，大规模地创建仓库和铺设网络，但是亚马逊没有这么做。

亚马逊迈出的第一步是从西雅图这个科技快速发展、可带动生活方式发生巨大改变的城市切入，进入生鲜杂货领域。为了减轻货物配送压力，亚马逊没有覆盖西雅图的整个城市，垄断整个城市所有传统生鲜杂货零售商的经营，而是仅覆盖人口密度较高的几个高端居住区，把西雅图这个城市作为进入生鲜杂货行业的开端。

在 5 年的时间里，亚马逊不断在西雅图测试其生鲜零售商业模式。多次测试和调整后，效果非常理想。于是，亚马逊选择洛杉矶作为第二个切入点进行推广。洛杉矶和西雅图一样发达，人们的接受程度也很高，采取与西雅图同样的方式切入更容易成功。

为了寻找用户痛点，亚马逊采取缴纳年费的方式来过滤天使用户。天使用户对产品和服务的要求极高，但是他们有着很高的黏性。通过天使用户的验证与测试，亚马逊得以更加准确地把握市场需求、完善产品功能，并最终实现了其在生鲜零售领域的辉煌成就。

猎豹移动 CEO 傅盛曾在"颠覆式创新"分享发布会上提到自己对精益思维中"单点突破"的看法，如图 3.1 所示。

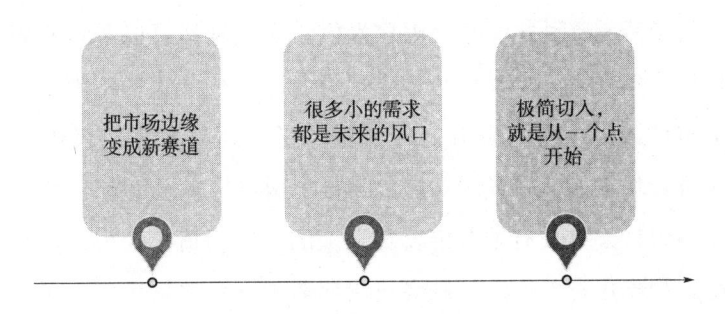

图 3.1 傅盛对"单点突破"的观点

1. 把市场边缘变成新赛道

产品进入市场的最好方法就是切边缘，从边缘切入，一步一步地攻入内部，在其他人还没有察觉的情况下，自己先在市场中打下基础。

2. 很多小的需求都是未来的风口

从古至今，很多变革都源自一些微小、不易察觉的需求。例如，在手机还未普及的年代，手机只是一些商务人士的必需品。但随着移动互联网的发展，人们对社交的要求逐渐提高，手机就变成每个人的必需品。

3. 极简切入，就是从一个点开始

微信红包只是微信的一个小功能，却打破了阿里巴巴在移动支付领域的布局，为微信带来了大量的用户。可见，在如今这个时代，一个好的破局点，就可能改变整个行业的风向。

亚马逊在火箭发射式的系统思维基础上，融入了精益思维，通过"单点突破"的策略，专注于解决用户的核心痛点。亚马逊还采用聚焦天使用户的方法，积极收集并响应这些用户的反馈，不断优化产品，从而提高了项目的市场需求度。而猎豹移动 CEO 傅盛对单点突破的看法，为创业者提供了宝贵的创业路径指导。

3.2.3 利用迭代思维进行产品开发

迭代思维是指通过重复的操作来逐步改进、调整和优化当前的问题或方案，以接近完美状态。它强调在解决问题的过程中，不断地尝试、反馈和调整。

在数字化转型过程中，企业也可以利用迭代思维推动产品研发。最初，亚马逊 AWS 云服务仅能为用户提供计算、网络互联等基本服务，随着互联网的飞速发展、移动信息的千变万化以及用户需求不断增加，亚马逊投入大量的人力、物力资源，对云服务进行迭代开发。仅用一年的时间，云服务便增加了几百个新功能，满足了用户的多元化需求。

安卓系统的升级没有采取传统意义上的"闭门造车"模式，而是使用迭代策略，根据用户的反馈信息寻找用户需求，再根据用户需求不断升级产品。企业秉持着开放的心态与用户互动，把用户的意见和建议纳入产品开发，对产品进行创意改良。

这样的开发模式对公司有两方面的帮助：第一，公司能够时刻掌握用户的需求，从而在开发产品过程中少出现错误；第二，产品与用户产生情感连接，可以提高用户对产品的忠诚度。

在当今这个用户需求日益多元化且对产品功能与质量要求极高的时代，传统的产品生产模式已逐渐落伍，取而代之的是优化迭代模式。这种模式顺应了时代的要求，将产品的研发过程细化，每个阶段都进行严格的质量检查与优化。每当一个阶段即将结束，都会重新评估产品的问题，并在下一个阶段解决新发现的问题。

微信和小米手机的操作系统也是在不断优化迭代下完成的。经过不断优化迭代，微信从最初的简单聊天工具，逐步演变成集通信、社交、商务、金融于一体的综合性平台，赢得了众多用户的青睐与认可。小米在多年的长跑中，不断地优化系统，持续更新升级，积累了上千万的忠实用户。

类似于亚马逊 AWS 云服务、谷歌、微信及小米手机这样的迭代优化案例还有许多。它们的共同之处在于：与传统产品生产模式追求的"完美主义""一鸣惊人"大不相同；采取优化迭代思维研发产品，不断地发现问题、解决问题；循序渐进，在最短的时间内快速改进创新成果，大大提高产品生产效率。

快节奏的生活促使人们对效率提出了更高要求，而优化迭代思维恰好满足了这一需求。在速度方面，优化迭代无疑可以更快地对产品进行迭代，使产品快速获得广大用户的青睐。另外，优化迭代遵循"将产品投放市场—寻找用户需求—调整完善产品—再次投放产品"的循环过程，使企业与用户有了更加深入、及时的互动。

优化迭代思维看似在不断重复一种模式，实则是在进行螺旋式的上升。它强调速度、坚持对产品进行优化，并紧密关注用户需求。

任何成功的事情都是从细微之处做起的。产品创新的成功不在于产品的"一鸣惊人""一飞冲天"，而在于不断优化迭代，更贴合用户需求和时代变化。对于企业来说，在当前技术日新月异、用户需求多样化的背景下，优化迭代思维已成为数字化转型不可或缺的关键思维。只有时刻关注用户需求的变化，并持续对产品进行优化升级，企业才能始终在市场中占据一席之地。

3.3 数字化转型的核心角色

在数字化转型过程中，组建一支可靠的团队十分重要。团队能够汇集拥有不同技能的人才，通过协作推动数字化转型顺利进行。一个完善的数字化团队往往包括企业架构师、技术专家、安全和合规专家、数字化转译员、数据型人才这五个核心角色。下面将对这些核心角色进行详细介绍，帮助企业搭建合适的团队。

3.3.1 企业架构师：赋能企业数字化战略规划与执行

企业架构师主要负责数字化转型战略设计与实施，是企业数字化转型团队中的一个核心角色。随着数字化转型浪潮席卷而来，企业对企业架构师的需求日益增长，经验丰富的企业架构师备受青睐。

企业架构师的工作内容主要有六项，如图3.2所示。

（1）需求分析。对内与企业进行深入的交流，了解企业进行数字化转型的目标、痛点和业务需求；对外了解、分析市场环境与竞争对手，确定企业进行数字化转型的优势与劣势。

（2）制定战略。企业架构师会根据企业的需求制定合适的数字化转型

图 3.2 企业架构师的工作内容

战略,并确保数字化战略的灵活性、可调整性和敏捷性。

(3)技术选择。企业架构师从成本效益、兼容性、未来技术发展方向等维度出发,选择适合企业数字化转型的技术栈和工具。

(4)架构规划。企业架构师需要制定合适的技术架构,并确保架构设计符合企业的业务目标和性能要求。

(5)项目管理。企业架构师需要对项目进行规划、执行和监控,确保项目按时交付。

(6)问题解决。当企业在数字化转型的过程中遇到问题时,企业架构师需要快速识别问题并提出解决方案。

在企业数字化转型中,企业架构师扮演重要的角色,为企业数字化战略的制定与执行提供有力的保障。需要注意的是,企业架构师需要不断学习,以提高自身能力,适应快速变化的市场环境,为企业的长远发展贡献智慧与力量。

3.3.2 技术专家:为数字化转型提供技术支撑

技术专家不仅是技术的引领者,更是企业数字化转型战略的实践者与护航者。在数字化转型过程中,企业需要配备技术专家,以随时获得技术指导。技术专家为企业数字化转型提供的技术支撑主要体现在六个方面:

1. 需求分析与技术选型

技术专家会与企业各部门紧密合作,深入了解企业的业务需求、痛点及长远发展目标。基于此,他们会进行详尽的技术需求分析,并进行技术选型。这包括选择合适的云计算平台、数据库、开发工具、AI算法等,以确保所选技术能够满足企业的业务需求，并具备可扩展性、安全性和成本效益。

2. 系统架构设计与优化

技术专家负责设计或优化企业的 IT 系统架构，以确保其能够适应数字化转型的需求。他们会考虑系统的模块化、可扩展性、可维护性和安全性，设计出既高效又灵活的系统架构。在实施过程中，技术专家还会持续优化系统性能，确保系统能够稳定运行并满足业务需求。

3. 数据治理与数据分析

数据是企业数字化转型的核心资源。技术专家会帮助企业建立完善的数据治理体系，包括数据标准、数据质量、数据安全和数据共享等方面的管理。同时，他们还会利用大数据、机器学习等先进技术进行数据分析，挖掘数据背后的价值，为企业决策提供支持。

4. 技术集成与接口开发

在数字化转型过程中，企业可能需要将多个系统或应用集成，以实现数据共享和业务流程自动化。技术专家负责这些系统之间的技术集成工作，包括接口开发、数据交换协议设计等。他们还会解决可能出现的兼容性问题，确保各个系统能够顺畅地协同工作。

5. 技术创新与研发

技术专家是企业技术创新的重要力量。他们会密切关注技术发展趋势，积极引入新技术、新工具和新方法，推动企业技术创新。同时，他们还会根据企业业务需求，进行自主研发或合作研发，开发出具有自主知识产权的产品和解决方案，增强企业的核心竞争力。

6. 技术培训与知识转移

数字化转型需要全员参与和支持。技术专家会通过培训、讲座、知识分享等方式，向企业员工传授数字化转型所需的技能和知识。他们还会建立技术文档和知识库，方便员工随时查阅和学习。通过技术培训和知识转移，技术专家可以帮助员工提升数字化素养，为数字化转型的持续推进提供人才保障。

综上所述，技术专家通过需求分析、系统架构设计、数据治理、技术集成、技术创新、技术培训等多个方面的工作，为企业数字化转型提供全方位的技术支撑。他们的专业知识和实践经验是企业成功转型的重要保障。

3.3.3 安全和合规专家：把控转型风险

在企业数字化转型过程中，安全和合规专家主要负责四项工作，如图3.3所示。

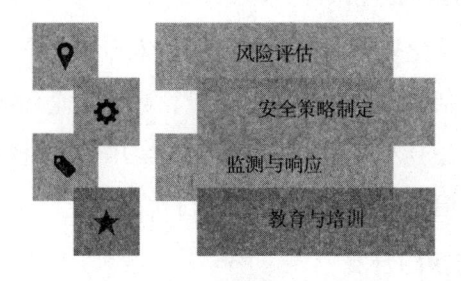

图3.3 安全和合规专家的工作

1. 风险评估

安全和合规专家会对企业现有的数据进行安全风险评估，并制定相应的措施以降低风险。安全和合规专家需要了解企业数据的处理流程，并进行详细的分析，从而确定潜在的漏洞与薄弱点。

2. 安全策略制定

安全和合规专家需要根据风险评估的结果制定相应的数据安全策略，确保企业的数据符合相关的法规与标准。此外，安全和合规专家还会与其他人员进行对接，提供相应的指导与培训，确保员工遵守相关规定。

3. 监测与响应

安全和合规专家需要随时对企业数据处理活动进行监测，并及时发现潜在的安全漏洞或违规行为。他们需要建立有效的监测系统，并制定应对措施，以防止或降低数据泄露和黑客攻击的风险。

4. 教育与培训

安全和合规专家还需要在团队中担任教育者与培训者，培养团队其他人员的数据安全和合规意识，提高整个团队对数据安全和合规的重视程度。

随着数字化转型的推进，数据合规和安全问题变得日益重要。而安全和合规专家能够通过评估风险、制定策略、监测与响应以及教育与培训，为企业提供全方位的数据安全保护。基于他们的专业知识和经验，企业能够更好地应对日益复杂的数据安全挑战，确保数据合规。

值得注意的是，安全和合规专家不仅需要具备技术知识和专业背景，还需要具备良好的沟通和解决问题的能力。他们需要与企业内部各个部门合作，理解业务需求，并提供定制化的解决方案。此外，他们还需要密切关注法律和监管环境的变化，及时调整策略和措施，以保证数据安全和合规。

总之，数据合规与数字化转型紧密相连，而安全和合规专家在这方面扮演着至关重要的角色，能够助力企业实现数字化转型成功与可持续发展。

3.3.4 数字化转译员：匹配业务与数字技术

数字化浪潮不仅带来了许多新技术，还催生了许多全新的岗位，如数据科学家、数字化转译员等。其中，数字化转译员是企业数字化转型过程中不可或缺的一个角色。

数字化转译员是连接数字技术与企业业务的桥梁，既需要对企业的业务有一定的了解，又需要对数字化进行深度理解，了解现有的解决问题的技术。

数字化转译员主要有以下三项职责：

（1）业务问题转译。很多数字化转译员同时也是业务人员，他们拥有业务思维，还储备了丰富的工业4.0知识，能够敏锐地捕捉到企业运营中潜在的数字化机遇。此外，他们擅长整合来自多个职能部门的海量信息，将复杂的业务问题提炼并明确化，进而将其转化为技术语境下清晰、具体的数字化用例描述。

（2）技术结果解读。数字化用例的演进是一个循序渐进的过程，数字化转译员在其中扮演着至关重要的角色。每当技术团队完成一个开发周期后，数字化转译员便会组织来自不同业务领域的利益相关者进行深入的交流。在交流中，数字化转译员不仅详细阐述技术实现及其背后的指标如何影响业务运营，还深入解读这些技术成果所蕴含的投资回报率。数字化转译员还会积极听取业务部门提出的意见，有效推动技术解决方案快速迭代与调整。

（3）加速价值落地。在技术层面，数字化转译员作为业务用户的代言人，确保数字化用例不仅追求理论上的卓越，更具备实际操作上的可行性与实用性，从而避免理论与实践脱节。在业务层面，数字化转译员会持续监测试点项目的成效及用户体验，并积极促进相关人员与工作模式的协同转变。

数字化转译员需要对企业业务有深入的了解，因此，内部培养和规模化培养的策略更为合适。懂业务是数字化转译员的基础，而快速学习能力是其持续发展的推动力。

3.3.5 数据型人才：管理企业所需数据

在企业数字化转型过程中，数据型人才，特别是数据库管理员不可或缺。数据库管理员负责管理和优化企业核心数据资产，工作内容主要有四项：

（1）数据库设计与架构优化。基于企业数字化转型的深层次需求，数据库管理员需精心设计并优化数据库架构，确保该架构既具备高度的扩展性以支持未来增长，又保持高效性以提升数据访问和存储效率。此外，随着企业业务的不断扩展，数据库管理员还需灵活调整数据库架构，以有效应对日益庞大的数据量，确保数据管理的持续优化。

（2）性能监控与调节。数据库管理员需熟练运用各类监控工具，密切关注数据库的各项性能指标，包括但不限于响应时间、中央处理器（central processing unit，CPU）使用效率等。一旦发现潜在的性能问题，监控工具将及时反馈，使管理员能够迅速响应并采取相应的优化措施，确保数据库性能的稳定与高效。

（3）数据库自动运维。为提升运维效率和可靠性，数据库管理员应积极推动数据库运维的自动化进程。这包括利用先进的机器学习技术对数据库日志进行深入分析，实现故障的精准预测与提前干预。

（4）成本效益分析与资源规划。数据库管理员需从业务负载预测的角度出发，综合评估各类云数据存储服务与自建数据库的成本与效益，为企业量身定制合适的存储方案，实现成本控制与业务发展的双赢。

作为企业数字化转型团队中的重要角色，数据库管理员职责的深度与广度日渐扩展。对此，数据库管理员需要不断提升自己的技术水平、业务理解能力和问题解决能力，应对不断变化的团队需求。

第 4 章

数字化转型的五步进阶蓝图

进行数字化转型的企业众多,但是成功的较少,这是由于许多企业缺乏科学合理的规划,没有绘制阶段转型路线图。企业可以将数字化转型分为五个阶段:第一阶段是打造扎实的基础;第二阶段是以单点作为突破口;第三阶段是进行局部推广与协同;第四阶段是进行全面推广与同步;第五阶段是转型深化与成果巩固。企业按照这五个阶段逐步执行,能够提高数字化转型的成功率。

4.1 第一阶段:打造扎实的基础

数字化转型是一个长期的过程,企业只有打造扎实的基础,才能实现进阶。企业可以通过发挥领导者的推动作用、制定迭代化转型方案的方法打好基础,铺平转型道路,减少转型阻碍。

4.1.1 发挥领导者的推动作用

在企业数字化转型过程中,领导者的作用不可忽视。对于数字化转型,领导者应树立四种思维,为团队的发展指明方向,引领团队前行,并发挥自身对数字化转型的推动作用。

(1)断点思维。企业的发展具有非连续性、不确定性的特点。在企业断点式发展的过程中,领导者应不断打破"围墙",建立新生态。大企业需要构建平台、打造生态,中小企业需要加入平台、融入生态。

(2)破界思维。领导者应注重企业与行业生态的破界融合,包括自身产业与其他产业的破界融合、线上线下的破界融合、软硬技术的破界融合等。

（3）突变思维。数字化转型的关键是创新，领导者需要有与时俱进的思想和自我革新的激情，以开拓进取和不断探索的精神积极迎接数字化转型带来的挑战。

（4）分布思维。企业领导者需要从单一聚焦思维转变为多项选择思维，尊重和关注企业中每个个体，充分激发每个个体的最大潜能，使数字化转型工作渗透到企业的各个层级和角落。

此外，领导者应充分发挥其智慧，推动企业的数字化转型。数字化转型过程中充满不确定性，领导者需要根据企业发展状况审时度势，做出价值预判，制定应对策略，从而找到合适的转型切入点。此外，领导者还需要持续推进企业的科技创新和技术进步，将技术转化为企业的核心能力，打造良好的企业生态系统，从而减少企业数字化转型过程中的阻碍。

例如，江森自控的首席信息官南希·贝尔斯在企业数字化转型的过程中投入了大量现代技术，包括云计算、网络安全、机器人流程自动化和区块链等，从而为企业的自动化运营提供稳定的技术支持。此外，江森自控的领导者一直积极寻找合适的合作伙伴，并定期派员工到硅谷与一些知名科技公司的负责人会面，致力于寻找推动自身数字化战略发展的新力量。

数字技术日新月异、快速演化。在企业数字化转型过程中，领导者需要制定合理的战略并充分关注数字化转型进程，起到统领全局的作用。

4.1.2 以迭代逐步推进转型

迭代作为企业经常采用的一种工作方式，能够提高工作效率，灵活地应对各种变化，实现方案升级。

企业在数字化转型过程中也可以利用迭代方法。具体而言，企业可以规划需求、寻找缺陷，在迭代周期内明确目标，不断对技术和商业模式进行迭代与升级。例如，2022年10月，金属加工液解决方案企业马思特（上海）化学有限公司正式发布数字化云项目，该项目发布后得到了汽车、航空航天等行业用户的广泛响应。马思特（上海）化学有限公司希望以

"小步快走"、快速迭代的方式执行数字化转型方案,从而实现与用户的双赢。

马思特(上海)化学有限公司利用完善的数字化工具从传统的渠道销售模式向多样化的服务模式升级,并利用大数据提升运营效率,从而实现业务模式更新迭代。面对金属加工液状态难管理、人工效率低等问题,马思特(上海)化学有限公司的数字化云项目能够为用户提供更优质的数字化解决方案。

此外,马思特(上海)化学有限公司根据数字化转型周期,建立一个用户大数据库,根据对用户大数据的分析、整合实现对用户的反哺。马思特(上海)化学有限公司将数据定义为企业的战略价值组成,从而推动企业实现战略性、迭代式的发展。

数字化转型是传统企业更好地应对时代变革的有效举措之一,对传统企业来说是一次挑战,也是一次机遇。企业应注重数字化转型方案的执行过程,实现迭代式发展。

4.2 第二阶段:以单点作为突破口

在数字化转型过程中,企业可能会面临许多困难。对此,企业应该把握重点,集中精力解决一个关键点,从而实现整体问题的解决。这种以单点作为突破口的方式,更有利于企业实现跨越式发展。

4.2.1 以试点部门作为转型落地点

如果企业在内部大规模实行数字化转型方案,可能会出现管理困难、员工抵制等问题。对此,企业可以在内部寻找一个合适的部门作为试点。例如,企业可以选择核心业务部门作为数字化转型的试点部门,通过试点形成精准的、可复制的数字化转型方案。

企业可以制定一套符合数字化转型需求的实践方案,并通过模拟的方式进行部门试点。在实践方案的过程中,企业应明确需求的优先级,有节奏地开展转型工作,从而聚焦高价值的任务交付需求。

首先,企业需要招募、选拔和培养具备数字化技能的种子员工。

其次,企业要让种子员工起到辐射带动作用,营造企业上下都参与数字化转型的氛围。

最后,企业需要根据各个部门运转方式的不同形成不同的落地方法,并根据各个部门的业务需求,持续完善部门架构。

在进行试点的过程中,企业需要满足试点部门的每一个小需求,以每一个小需求的实现推动整个部门的数字化转型,进而以试点部门的成功经验推进整个企业的数字化转型。

4.2.2 关注转型中的数字杠杆点

数字杠杆点是数字化转型的支点,也是企业数字化转型的关键所在,能够帮助企业实现商业模式创新和业务流程优化。

以处理器研制企业英特尔为例,英特尔在数字化变革中主要有三个数字杠杆点。

第一个杠杆点是英特尔系统中的增强回路。它的主要特点是能够自我强化,也就是系统每运作一次就能获得强化的能力,从而运转得越来越快。

第二个杠杆点是系统的自组织。英特尔系统的自组织不需要外界力量的干预,能自行建立系统秩序,提高系统的有序性。自组织能够从一种组织状态自动向另一种组织状态转变,并能够用系统中新的要素替换旧的要素,从而实现系统要素的再生和系统自繁殖。系统的自组织意味着系统某个部分的变化能够推动系统发生自下而上的变革。

第三个杠杆点是范式转移。这也是英特尔数字化变革比较关键的一步。范式转移需要构建一套全新的系统模式,将传统的代工模式升级为系统级代工模式,摆脱老旧系统的束缚。英特尔十分注重系统级代工模式的转换,系统级代工模式主要由四个部分组成:第一个部分是晶圆制造。英特尔持续推进摩尔定律,向用户提供制程技术,完善系统的晶圆制造。第二个部分是封装。英特尔为用户提供更加先进的封装技术,从而帮助芯片研发企业整合不同的制程技术和计算引擎。第三个部分是芯粒。英特尔通过芯粒的高速互联开放规范帮助来自不同供应商的芯粒更好地实现协同。第四个部分是软件。英特尔运用开源软件加速产品交付，使客户能够在生产前测试解决方案。

英特尔通过以上三个数字杠杆点成功摆脱了经营困境，重新焕发生机与活力，成为一家以数据为中心的计算机领域和半导体行业的全球领先厂商。

4.2.3 雀巢：利用数据触达用户

在时代的变迁中，有些企业紧跟时代的步伐，及时寻求转变，实现了发展；也有些企业犹豫迟疑，最终消失在时代的洪流中。而在竞争激烈的快消品行业中，一些新兴品牌利用数字化转型实现了一夜暴红，而一些老牌企业在发现自身地位不稳后，利用数字化转型寻求全新的突破口。雀巢，就是这样的老牌企业之一。

雀巢的数字化转型主要包括三个方面的内容，如图4.1所示。

01 —— 实现供应链数字化

以用户为核心，实现多方触达 —— 02

03 —— 重塑数字化生态，打造数字中台

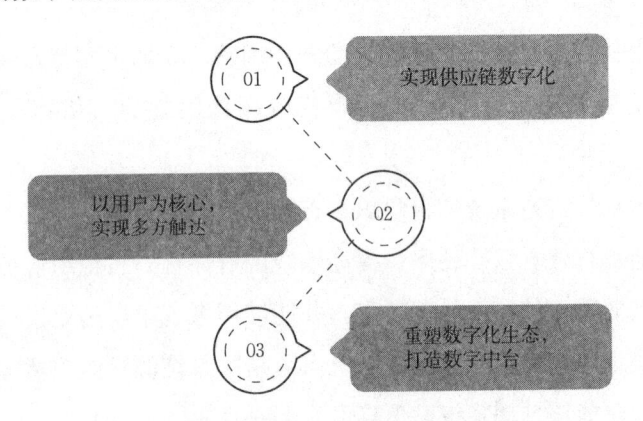

图4.1 雀巢数字化转型的主要内容

1. 实现供应链数字化

快消品行业的竞争核心在于供应链，雀巢深知这一点，于是积极推动供应链数字化。雀巢与阿里巴巴建立了战略合作关系，合作内容包括部分产品在天猫首发、海外产品通过天猫国际销售、多品类产品利用农村淘宝开拓下沉市场。

雀巢丰富的业务使其供应链越发复杂，效率方面有所降低，对此，雀巢与菜鸟展开了合作，推进供应链数字化。雀巢与菜鸟共同打造了智能供应链大脑，以提升供应链的透明度和快速响应能力。

雀巢能够通过智能供应链大脑看到一定区域内的订单数量、库存金额、周转天数等，对供应链的各项数据了如指掌。此外，智能供应链大脑能够打通物流的各个节点，实时监测各个环节，帮助运营者更快做出决策。

供应链数字化还带来了业务层面的价值，例如，能够赋能直接面向用户（direct to consumer，DTC）基础设施，提高了雀巢的DTC销售额。

2. 以用户为核心，实现多方触达

雀巢搭建了数据管理平台（data management platform，DMP）和客户数据平台（customer data platform，CDP），并将这两个平台进行了联动，打造了营销数据中台，能够更好地对用户的数据进行分析，进行用户生命周期管理。

借助营销数据中台，雀巢能够实现自动化运营，根据数据监测系统随时了解广告投放情况，及时调整广告投放策略，提高转化率。

此外，雀巢还与腾讯合作，以用户为中心打造了一系列创新的DTC营销模式，实现了线上渠道与线下渠道的联动、数字化营销、用户数字化运营等。基于此，雀巢能够进一步触达用户，提高销售额。

3. 重塑数字化生态，打造数字中台

雀巢将其数字化基础能力分为三个部分，分别是企业资源计划（enterprise resource planning，ERP）系统、大数据基础设施和能够连接前两者的数字化赋能平台。数字化赋能平台能够实现雀巢内部系统和数字化能力的打通。

此外，雀巢创新性地打造了基于三个One ID（人、货、场的One ID）的数据模型，实现了人、货、场的重构，有利于进一步发挥数字化赋能平台的能力。

雀巢打造数字中台主要经历了三个阶段。

（1）打造业务中台，重点是电商中台。雀巢利用电商中台打通了前端

需求、中端数字化和后端供给三个环节。在前端,内容策略中台能够帮助雀巢制定合适的内容营销策略,并随时监测营销效果;在中端,各个系统打通,协同性提升,能够实现就近发货,灵活选择最优履约路径;在后端,全渠道订单履约平台能够提高多渠道订单和多体系订单的履约率。

(2) 搭建数据中台,利用数据反哺业务中台。雀巢利用数据中台对用户的 ID 进行统一识别与数字化处理,从而识别用户的来源,了解用户触点。例如,用户来自线下海报扫码、线下领取礼品、线上俱乐部等。雀巢能够利用数据中台记录用户的画像,并利用腾讯的技术进一步实行精细化分层,为后续的个性化营销做铺垫。例如,针对喜欢购买营养品的老年群体,雀巢设计了免费的健康监测活动,相较于传统的优惠券赠送活动,这一活动更有效。

(3) 实现 AI 中台化。雀巢尝试将 AI 与中台相结合,希望利用 AI 进一步提高中台的能力。雀巢业务数字化负责人认为,雀巢数字化转型的目标是成长为智慧企业。这便需要借助数字技术的力量,利用自动化操作减少重复性的工作,最终实现全面而深入的数字化转型。

雀巢的数字化转型实践,为众多企业树立了典范。企业应紧跟时代步伐,紧密结合外部环境与自身实际情况,精准识别并把握转型的关键点,勇于探索并开辟适合自身发展的转型之路。

4.3 第三阶段:进行局部推广与协同

企业利用单点突破的方法确定方案具有可实施性后,便可将成功的经验应用到其他方面,局部推广,实现小范围内的协同。

4.3.1 创造合适的企业环境

企业数字化转型能否顺利进行也受环境因素的影响。如果外在环境和谐、稳定,那么企业数字化转型成功的概率便会大大增加。企业营造稳定的变革环境的三个措施如图 4.2 所示。

图 4.2　企业营造稳定的变革环境的措施

1. 进行资源整合

企业应将各项资源充分整合起来，强化资源的拉动作用。此外，企业应尽可能地吸纳与自身密切合作的中小企业，整合中小企业的力量，充分释放其潜力和张力。

2. 搭建产、学、研平台

企业可以依托周边科研院校集聚的优势，整合院企的优势资源，实现院企强强联合。在此基础上，企业可以牵头搭建一个集产业、学术和研究于一体的综合服务平台，从而在产品设计、技术升级、数据检测等方面获得支持。

3. 完善人力资源体系

企业应积极开展人才培养、技术支持、管理咨询等讲座和培训，不断引进创新、创业型人才和高端技术人才。并且，企业应为人才成长提供全方位支持，使人才价值最大化，并构建科学的人力资源体系，从而营造稳定的变革环境。

和谐、稳定的环境为企业数字化转型方案落地提供肥沃土壤。企业应重视环境的作用，充分整合内外部环境的有利因素，尽可能地减少环境冲突，推动数字化转型进程。

4.3.2　打造数字化转型"组合拳"

企业应当重视数字化转型，紧抓数字化转型的核心要点，制定完善的转型战略，打造一套数字化转型"组合拳"。

不同的企业有不同的数字化转型"组合拳"。以房地产开发企业蓝光发展为例，蓝光发展将数字化贯穿企业经营与管理的全过程，不断加快数字化、标准化、平台化建设，打造出一套强大的数字化转型"组合拳"。

在组织管理上，蓝光发展成立数字化委员会和数字化建设专项小组来负责数字化转型的重大事项决策。同时，蓝光发展还定期召开"CEO数字化双周会"，分析数字化转型中的战略问题，寻找解决方案，及时做出战略调整。

在数字化文化培育上，蓝光发展推行"变革文化""客户至上文化"等。蓝光发展号召企业高层用数字化手段变革决策、管理方式，并始终以客户为中心，用数字化理念运营客户，提升客户满意度。

在生态合作上，蓝光发展与政府、行业协会、科技企业、科研院校等机构合作构建地产科技生态圈。同时，蓝光发展与数据中台贯通，以实现不同职能间的业务融合。例如，建设管理驾驶舱系统、规划作战地图系统等，从而使企业能够快速响应市场变化，及时调整业务方向。

在智能化创新上，蓝光发展建设了人工智能物联网（AIoT）智能人居平台。蓝光发展通过蔚蓝实验室孵化了智能化的蓝光AI社区，不断推动智能人居平台的发展和完善，提升产品和服务的品质。

蓝光发展致力于研发新技术、形成新能力，加快业务板块的数字化赋能。在数字化战略的引领下，蓝光发展打出了一套铿锵有力的"组合拳"，取得了丰硕的数字化转型成果。

4.4 第四阶段：进行全面推广与协同

完成数字化转型局部推广并确认成效后，企业便可以全面推进数字化转型战略，全方位提升数字化能力，以获得持续发展的动力。

4.4.1 将提升IT能力作为重点

在企业数字化转型过程中，IT技术支持不可或缺。企业应着重培养新一代IT能力，并将其作为新型"发动机"，为长期运营和发展提供各种信息化支持。

首先,企业要打造更灵活的 IT 系统。以往复杂的 IT 系统基本能够满足企业规模化发展的需求,但在当下数字化变革加剧的时代,企业需要打造更加灵活的 IT 系统,以实现数字化新发展。

以亚马逊为例,亚马逊的弹性计算云 EC2 能够在同一时间内调动全球上千个服务器,并能够适配大部分的操作系统。此外,亚马逊的简单存储服务 S3 可以提供数个 GB 的字节支持和 520 亿对象的数据交换。亚马逊的技术平台充分体现了 IT 系统的灵活性,大大提升了亚马逊在数字化时代的 IT 能力。

其次,企业要注重 IT 技术人才的培养。现如今,企业打造 IT 系统的目的应从获取技术支持转变为引导数字化发展。企业应精准引进新型 IT 技术人才,或对现有劳动力进行新型 IT 技能培训。在培养 IT 人才的过程中,除了要注重 IT 人才的技术能力外,企业还需要注重其领导力、创造力、沟通力和行业影响力等非技术能力。

培养新一代 IT 能力有助于企业在行业内占据领先地位,增强技术创新以及产品研发能力,推动数字化转型进程。

4.4.2 与数字化初创企业合作

初创企业是经济增长的重要引擎,能够为市场带来全新的活力,推动行业进步。越来越多的企业选择与数字化初创企业合作,期望初创企业能够为自己注入新鲜血液,弥补自己的技术短板。大型企业与初创企业存在高度共生的关系,大型企业看中初创企业的创意和灵活性,初创企业看中大型企业的丰富资源和行业地位,双方合作往往能实现共赢。

在与初创企业合作时,大型企业需要搭建两种互动平台:队列型平台和漏斗型平台。在队列型平台中,大型企业需要发布可供初创企业参与的系统化项目,并约定好项目参与期限,初创企业在竞争中取胜后才能参与进来。在漏斗型平台中,大型企业为初创企业提供有限的合作机会,随着项目的开展,大型企业需要根据初创企业的价值对其进行淘汰制的筛选。

例如,全球顶尖的企业管理与协作软件供应商 SAP 推出"创业激励计划",将其数据库平台"SAP HANA"共享给一些前景广阔的初创企业,并为初创企业的新应用程序开发提供帮助。但是,初创企业需要通过竞争参与 SAP 的项目。从竞争中脱颖而出的优秀初创企业可以获得 SAP 的技术支持,而 SAP 能够获得初创企业提出的新颖的想法和创意。

在数字化转型过程中,企业面临各种各样的挑战,这需要企业从更宽广的视角去审视外部环境。加强与初创公司的合作在一定程度上能够降低企业的转型成本,并为企业带来更具前瞻性的战略思路,推动企业更快实现数字化转型。

4.5 第五阶段:转型深化与成果巩固

转型深化与成果巩固是企业数字化转型的最后一个阶段,进入这一阶段意味着企业已经基本完成数字化转型。企业应当在这一阶段持续巩固数字化转型的成果,为未来的发展注入新动力。

4.5.1 利用敏捷模式加速数字化转型

科技的发展日新月异、市场的需求瞬息万变,为了及时应对外部的变化,企业需要拥有快速响应的能力。而敏捷模式能够帮助企业快速应对市场变化,提升生产效率,为企业带来更多的商业机会。敏捷模式的表现形式主要有三种,分别是以用户为中心的创新、建立共同的目标和创建适应性环境。

以线上鞋店 Zappos 为例,Zappos 的敏捷模式主要是以用户为中心的创新。Zappos 的创始人在发现鞋业市场的商机后,试图将鞋业与数字化相结合,但苦恼于如何使基于物理体验的鞋类产品在线上能够获得关注。最终,该创始人基于用户至上的企业文化创立了 Zappos。为了实现最初的愿景,该创始人打造了自有仓库的数字化运营模式,摒弃传统的制造商发货模式,实现 Zappos 仓库直接发货,从而更快地响应用户的需求。

Zappos 还打造了数字化送货、退货的全流程,为用户提供更便捷的服务。在数字化退换货流程中，Zappos 十分注重服务细节。例如，有一个正处于情绪低落期的 Zappos 用户想要退货，但用户因一些客观原因无法及时退货。Zappos 的线上客服了解到用户所面临的情况后，为用户安排了上门取货服务。工作人员上门取货时还赠予用户一束鲜花，以安慰用户。

Zappos 在发展过程中逐渐获得了许多用户的关注，在提升服务质量的同时不断进行数字化变革。Zappos 的数字化变革离不开以用户为中心的企业文化的指引，是以敏捷模式赋能数字化转型的成功案例。

4.5.2 警惕风险，维护转型成果

风险防范和管理对企业发展具有重要的意义，能够帮助企业识别潜在风险，及时调整生产经营策略，避免被市场淘汰。

在数字化转型过程中，企业可以设定一个数字化颠覆性指标，也被称为"数字颠覆指数"。这个指数一般有四个单项风险指标，包括行业风险、用户风险、企业数字绩效风险和商业模式风险。

企业可以采取评分制的形式为各个指标评分，所有指标分数的平均值就是"数字颠覆指数"。一般来说，指数越高，代表企业所面临的数字颠覆风险越大。数字颠覆指数能够更加直观地显示企业的风险级别。定期进行数字颠覆风险测试，能够帮助企业回顾数字化转型的过程，分析数字化转型过程中的问题，并做出及时的战略整改。数字化转型会不可避免地给企业带来颠覆性的改变，企业在数字化转型的过程中应着重关注四个预警信号，如图 4.3 所示。

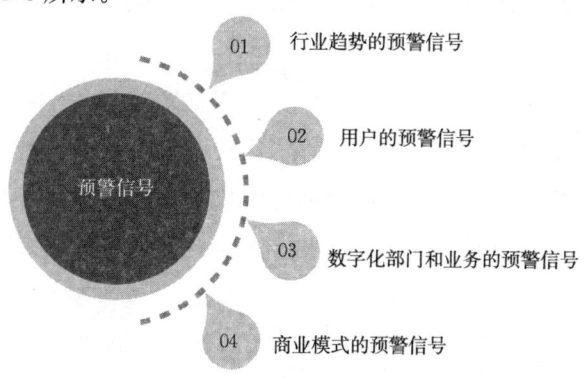

图 4.3 数字化转型的四个预警信号

1. 行业趋势的预警信号

在行业中的某些环节或事项正在被颠覆或即将被颠覆时，企业可以从行业数据中获得一些预警信号。企业一般可以从五个方面获得行业趋势的预警信号，分别是数字行业盈利趋势、原生数字化初创企业数量、成功的数字化初创企业数量、风险投资业务趋势、关联行业的颠覆。

2. 用户的预警信号

大部分的用户体验都能够通过数字化手段改善，因此，企业需要及时捕捉用户的预警信号，提升用户的满意度。企业一般可以从三个方面获得用户的预警信号，分别是用户潜力、用户痛点、用户参与度。

3. 数字化部门和业务的预警信号

企业需要关注产品、业务和人员的数字化投资成果，同时也应关注新兴技术的投资水平和主要技术投资的动向。企业可以从四个方面获得数字化部门和业务的预警信号，分别是新兴技术投资水平、数字化业务占比、数字化人力投资、数字化投资的可持续性。

4. 商业模式的预警信号

大多数企业能够清楚地认识到商业模式带来的威胁，但很多企业低估了这种威胁的紧迫性。企业可以从四个方面度量商业模式变革的紧迫性，分别是商业渠道的演化、商业价值主张的变化、合作伙伴关系的转变、业务关键资源的变化。

时刻关注数字颠覆风险有利于企业在数字化转型的过程中及时应对突发情况，从而更好地维护数字化转型成果，实现可持续发展。

4.5.3 华为：六大步骤推进转型

华为作为知名的通信企业，其数字化转型十分成功，是国内积极拥抱数字化的企业之一。华为拥有一套独特的数字化转型方案，该方案主要分为六个步骤：愿景牵引、场景切入、目标导向、组织适配、技术内化和应用外挂。

1. 愿景牵引

企业转型的根源是领导者的愿景。虽然数字化转型成功的企业所处的行业各不相同，但都有一个共同的前提：其领导者拥有强烈的转型意愿。只有高层领导者重视数字化转型，企业才有可能逐步推进、稳步落实数字化转型战略，并取得一定的成效。

2. 场景切入

企业进行数字化转型不仅需要有愿景，还需要有落实愿景的场景。华为从商业价值、社会价值和可持续发展价值三个方面出发选择合适的数字化转型场景。

商业价值指的是企业的领导者马上能够感知到的价值，往往隐藏于高频次重复发生、资源消耗较高、错误率高或后果严重的业务场景中。企业从这类场景入手进行数字化转型，能够立竿见影地降低成本，提高效益，转型效果较为显著。

社会价值指的是能够改善员工的工作环境，提高员工的工作安全性，减少污染，实现资源高效利用。社会价值往往产生于传统行业中，具有劳动密集型的特点。

可持续发展价值指的是企业的数字平台相对可靠，拥有可持续发展的架构。这种架构能够在企业发展过程中进行灵活扩展，及时适应外界变化，实现可持续迭代。

华为聚焦这三个价值，选择合适的切入场景，力求将场景做深入、做透彻，体现出场景的价值。

3. 目标导向

企业选择合适的场景后，需要确定转型目标。如果该场景拥有多个子目标，企业需要对子目标进行排序，选择优先达成顺序。企业的目标与其所处的行业特性息息相关。

4. 组织适配

企业想要实现数字化转型的目标，不仅需要自身发力，还需要借助外部力量。对此，华为打造了客户、独立软件开发商（independent software vendors，ISV）伙伴和华为三方联合的创新组织，也被称为"铁三角"。虽然三方都存在一定的能力短板，但是"铁三角"的组合能够发挥各自的优势：客户能够对业务进行深度理解；ISV伙伴深耕行业多年，拥有丰富的行业经验；华为作为技术企业，能够为客户提供全面的数字化解决方案。

三方的结合能够有效提升华为的数字化生产力，解决其在数字化转型过程中遇到的难题。

5. 技术内化

企业架构规划的核心工作是技术内化，如果企业没有做好技术内化工作，那么其数字化转型将步履维艰。企业可以利用 4A 的方法进行架构规划。4A 指的是业务架构（business architecture，BA）、应用架构（application architecture，AA）、信息架构（information architecture，IA）和技术架构（technology architecture，TA）。这四个方面相辅相成，相互促进，缺乏任何一个视角都无法解决企业的业务问题。

华为围绕客户需求，基于长远愿景、战略定位以及业务本质确定业务发展方向，进而构建出业务架构。在此基础上，华为针对 ISV 和服务集成商（service integrator，SI），分析业务职责分配和数据流动情况，明确客户所需的应用系统，并确立应用架构。然后，这一应用架构将被转化为信息架构，以确保数据的标准化和统一性。

华为会参与到 BA、AA、IA 的构建过程中，但其更聚焦于利用技术内化的手段支持客户技术架构的设计与实施，确保技术能够与业务战略完美契合。在 TA 的规划阶段，华为充分发挥其在全栈 ICT 技术方面的优势，将这些技术整合起来，帮助客户打造一个由内而外的数字平台。这个平台能够将复杂的硬件、软件及算法平台封装成统一的对外接口，从而让客户和合作伙伴在推进场景数字化建设时能够更加直接、高效地利用业界先进的数字化能力。

6. 应用外挂

应用外挂是未来技术发展的一大趋势，指的是应用程序能够在多个平台上运行，与底层技术平台解耦。华为通过应用外挂打消客户的疑虑，如果客户觉得华为提供的应用程序或技术不好用，可以随时选择终止合作。

对于企业而言，数字化转型是一件需要从长计议、整体规划的事情。而在华为的帮助下，企业能够通过这六个步骤，稳扎稳打，实现高效转型。

第 5 章

产业互联网架构与中台体系构建

产业互联网是指利用互联网技术和平台,将产业链各环节进行连接和整合,实现产业数字化、网络化和智能化的一种新型经济形态。它通过打通生产、管理、销售等各个环节,优化资源配置,提高产业链的运营效率和创新能力。

中台建设源自"中台战略",是一种企业信息化架构理念,旨在通过构建一个集中的、模块化的能力平台,快速响应市场变化和用户需求,支持企业业务创新和扩展。中台通常包括数据中台、业务中台等,它们共同构成了企业的核心能力平台。

产业互联网为中台建设提供了广阔的应用场景和需求背景,而中台建设则为产业互联网的发展提供了技术支撑和实现路径。两者相辅相成,共同推动了产业数字化转型升级。

5.1 产业互联网推进数字化转型

产业互联网在推进数字化转型中扮演着重要角色。产业互联网能够促进数据连接与共享、为智能决策提供支持、推动产业生态共建与协同发展等,推进制造、金融、物流等多行业的数字化转型。

5.1.1 充分认识产业互联网

产业互联网的概念由硅谷的沙利文咨询公司提出。2012年,通用电气公司在发布的白皮书中对这一概念进行了介绍。随后几年,这一概念得到了进一步的发展和推广。

在全球范围内，产业互联网已经成为推动经济发展的关键力量。许多国家通过实施"工业 4.0"战略，加速了产业互联网的布局和应用。例如，德国的"工业 4.0"计划、我国的"相关计划"等都强调了产业互联网的重要性。通过利用 AI、区块链、云计算等技术，实现了生产过程的智能化、网络化和个性化。

产业互联网的发展速度非常快。近年来，与产业互联网相关的政策和指导意见陆续出台，为产业互联网的发展提供了良好的宏观环境。以工业互联网为例，第三方市场调研机构赛迪顾问发布的《2023—2024 年中国工业互联网市场研究年度报告》显示：2023 年，我国工业互联网市场规模达 9 849.5 亿元，同比增长 13.9%。此外，我国产业互联网已经形成互联网超级大平台与细分垂直平台水平分工的发展格局。

产业互联网主要有以下几个特征：

(1) 全面连接。通过连接生产、供应、销售等各个环节的数据和信息，实现全面的信息共享和传递。

(2) 平台化运营。通过构建开放的生态系统，实现资源共享和优化配置。

(3) 智能化决策。基于大数据分析和 AI 技术，产业互联网能够为企业提供智能化的决策支持，优化生产流程和资源配置。

(4) 定制化服务。根据客户需求和市场变化，产业互联网能够实现个性化定制生产和服务，提高产品质量和用户满意度。

产业互联网作为一种新型经济形态，正在全球范围内迅速发展，展现出巨大的潜力和广阔的前景。随着技术不断进步和政策的支持，产业互联网将在未来继续发挥重要作用，推动传统产业转型升级和创新发展。产业互联网的价值主要体现在四个方面，如图 5.1 所示。

1. 降本增效

产业互联网通过数字化、网络化和智能化手段，为企业提供了更为高效和灵活的运营模式，使得企业能够更精准地把握市场需求，优化资源配置，从而显著降低运营成本。同时，借助先进的智能化技术，如自动化机器人、智能分析和预测系统等，企业能够在生产过程中实现自我学习和优化，进一步提高生产效率，实现规模经济效应。

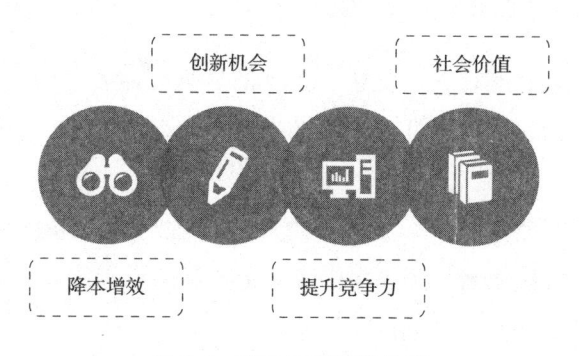

图 5.1　产业互联网的价值

2. 创新机会

产业互联网的兴起打破了传统行业的边界，为企业和创业者开辟了全新的商业机会。在传统产业中，由于信息不对称、资源受限等因素，创新往往受到阻碍。而在产业互联网平台上，信息流动更为自由，资源也更加丰富。这为企业提供了实验、探索和验证新商业模式的空间，从而激发了创新活力，推动了传统产业转型升级。

3. 提升竞争力

产业互联网的技术赋能，使得企业在市场中的竞争力和创新能力得到了显著提升。通过大数据、AI 等先进技术，企业能够更准确地预测市场趋势，快速响应市场变化，提供更为个性化和高质量的产品和服务。对市场需求的快速反应能力，使得企业能够在激烈的市场竞争中保持优势。

4. 社会价值

产业互联网的发展不仅为企业带来了经济效益，也对社会的整体发展产生了积极影响。它提高了城乡之间的连通性，缩小了区域发展差距，推动了经济均衡发展。同时，产业互联网也为就业创造了新的机会，特别是对于年轻人来说，他们能够通过产业互联网平台，获得更为灵活和多样化的职业选择，实现自我价值。

总的来说，产业互联网的价值不仅体现在企业运营效率和市场竞争力的提升上，更在于它对社会整体进步的推动作用。随着技术的不断进步和应用的深入，产业互联网的未来将更加值得期待。

5.1.2 构建产业互联网的策略

构建产业互联网是一个复杂、系统的过程，需要综合考虑基础设施、技术等多个方面。具体而言，要想成功构建产业互联网，企业需要关注六个核心策略：

（1）明确战略定位。企业需要明确自身在产业互联网中的定位，例如，是作为平台提供者、服务提供者还是数据提供者等。这有助于企业确定后续的发展方向和发展重点。

（2）基础设施建设。企业需要根据战略定位搭建完善的数字化基础设施，包括数据采集、分析研究和应用推广等功能模块。这些基础设施是连接和赋能产业链上各个组织的关键。

（3）技术赋能。企业可以利用 AI、区块链、云计算和大数据等先进技术重塑业务流程和供应链，提升业务和供应链的效率和资源利用率。

（4）打造数据共享平台。企业需要打造开放式的数据共享平台，解决信息不对称的问题，促进上下游企业的协同合作。数据共享平台能够有效整合和管理新兴的生产要素，如数据，从而提高产业链内要素流通的效率。

（5）利用市场机制。企业需要充分利用市场机制，激发产业互联网的活力，并在数字技术与人类生活深度融合的背景下，抓住全球数据爆发增长的机会，将数据作为重要的战略资源。

（6）示范效应与推广。企业需要通过典型案例的推广和示范，展示产业互联网在实际场景中的价值。例如，三一重工与中国电信、华为合作开展的 5G 工业互联专网项目就是一个典型案例。此外，企业还可以通过举办峰会、大赛等活动加强应用推广和产业对接。

通过采取以上策略，企业可以进一步推动产业互联网的发展，打造一个更加高效、智能、绿色、可持续的产业互联网生态系统。

5.1.3 影子科技：加深产业互联网平台探索

广州影子科技有限公司（以下简称"影子科技"）不断加深产业互

网平台探索，在打造产业互联网平台方面积累了丰富的实践经验。

影子科技利用基因科学、区块链、AI等前沿技术，推动"农场到餐桌"全产业链的智能化转型升级。这些技术的应用不仅提高了食品的生产效率和安全性，还使得整个产业链更加透明和可追溯。

影子科技自主研发了多项AIoT智能硬件设备和软件系统，如万得厨、FPF未来猪场整体解决方案和畜牧兽医智慧监管服务平台。这些智能解决方案和服务为农牧食品产业各环节提供了全面的数字化支持，提升了整个行业的智能化水平。

影子科技从养猪业切入农牧产业，致力于构建一个完整的农牧行业生态链。通过提供从养殖到销售的全链条服务，其不仅帮助农户提高生产效率，还为消费者提供了更健康、安全、美味的食品。

同时，影子科技积极与其他企业合作，扩大其影响力和市场份额。影子科技还加入中国云安全联盟（C-CSA），进一步提升了其在行业内的地位和认可度。

影子科技非常重视产业互联网相关人才的选拔与培养，设立了专职的人才培训管理机构，确保自身在技术和服务上持续领先。对人才的重视为其在激烈的市场竞争中保持优势提供了保障。

总体来说，影子科技通过技术创新、智能硬件与软件系统的开发、行业生态的构建以及市场拓展和人才培养等多方面的实践，成功打造了一个高效、智能的产业互联网平台，为农牧食品产业的数字化和智能化转型作出了重要贡献。

5.2 中台建设为数字化转型加速

中台建设能够实现数据的集中化管理和数据共享，为业务运作、部门创新等提供数据支持。中台建设为企业数字化转型提供了强大的支撑，能够为数字化转型加速。

5.2.1 数据中台的定义与价值

数据中台是一套让企业的数据发挥作用的机制,是一种综合性的数据管理体系,旨在通过集成、共享和管理企业各类数据,实现数据的高效利用和价值收益。其核心在于将企业的沉睡数据转化为数据资产,并通过持续的数据使用和智能生成,为业务提供支持。

在技术架构上,数据中台通常是一个独立的平台,负责连接数据源和数字化应用,以实现数据的集中管理、加工和服务。它通过数据技术对海量数据进行采集、计算、存储和加工,同时统一标准和口径,形成标准数据并进一步存储,最终形成大数据资产层。此外,数据中台还包含数据治理、数据运营等多个方面的内容,是新型信息化应用框架体系的核心。

1. 数据中台的作用

数据中台作为企业数字化转型的核心基础设施,在企业数字化转型过程中发挥着非常重要的作用,如图 5.2 所示。

01 打破数据壁垒,提高数据利用率	02 汇聚整合与数据资产化
03 降本增效	04 实现数据共享与跨部门协作
05 支撑组织的数字化转型	06 实现价值收益

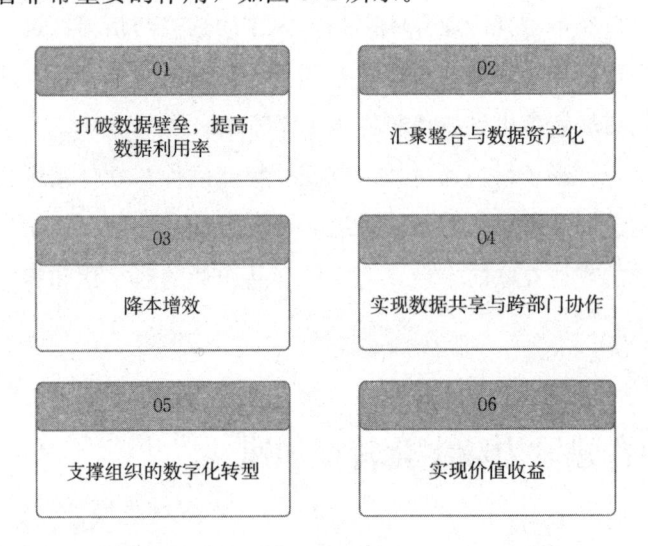

图 5.2 数据中台在企业数字化转型中的作用

(1) 打破数据壁垒,提高数据利用率。数据中台能够将企业的数据充分利用起来,打破传统体系下的数据壁垒,实现数据的二次开发利用。

(2) 汇聚整合与数据资产化。数据中台能够提供系统的方法和运行机制,形成汇聚整合、提纯加工、建模处理和算法学习的能力,从而将数据变成一种服务能力，让数据更方便地被业务所使用。

（3）降本增效。数据中台能够避免重复建设各种数据中心，减少浪费和重复劳动，提高数据管理的效率和质量。同时，数据中台能够通过优化管理提高业务效率，降低运营成本。

（4）实现数据共享与跨部门协作。数据中台能够实现数据集中管理，使得企业可以更好地实现数据的共享和整合。这有助于提升跨部门的普适性业务价值能力，更好地管理数据应用。

（5）支撑组织的数字化转型。在数字化转型过程中，数据中台作为企业级的能力复用平台，能够持续把数据变成资产并服务于业务，从而推动企业的整体数字化进程。

（6）实现价值收益。企业要实现数据资产入表、数据流通与交易，都要先通过数据中台将原始的、质量参差不齐的数据，提炼为高质量的可流通、可入表的数据资产。

2. 数据中台搭建

在构建数据中台的过程中，企业需要考虑以下几个方面：

（1）数据采集与治理：通过多源异构的数据采集和统一标准的治理，确保数据的准确性和一致性。

（2）数据存储与处理：采用先进的数据存储技术和处理算法，对采集到的数据进行存储和加工，形成标准数据。

（3）数据服务与共享：通过开放数据 API 和共享服务的方式，使数据能够被各个业务单元方便地调用。

（4）数据管理与安全：在数据中台建设过程中，应注重数据管理和安全保障，以确保数据的输入输出质量，不发生重大的数据安全事故。

总之，数据中台不仅是一个技术架构，更是一套让企业的数据发挥价值的机制，是企业数字化转型的核心基础设施和重要组成部分。它通过整合和优化企业的数据资源，提升数据的使用效率和价值，从而为企业的创新和发展提供强有力的数字化支持。

5.2.2 业务与数据中台实现双轮驱动

业务中台和数据中台作为中台战略的两大核心，具有广阔的实际应用场景。无论是业务中台还是数据中台，都是在企业经营管理和IT架构演进过程中形成的，是从企业经营管理与IT规划、建设、运营、运维等多年的经验中提炼出来的共性能力。业务中台和数据中台作为企业数字化转型的两个轮子，共同构建起企业数字中台，共同支撑前台业务开展。

前面已经讲了数据中台的定义与价值，这里重点讲业务中台。业务中台是一套共享服务体系，将企业共性业务功能进行抽象和整合，形成可复用的中间层，实现了后端业务资源到前台应用能力的转化，为前台应用提供了强大的"炮火支援"能力。业务中台的能力涵盖了企业运营管理的各个方面，如用户中心、工单中心、订单中心、支付中心、供应链管理等。通过统一管理和标准化流程，业务中台能够提高业务效率，降低运营成本。同时，业务中台还能快速响应业务变化，支持企业创新发展。

业务中台与数据中台的区别如下：

（1）定位不同。业务中台关注的是业务的抽象、整合与复用，强调业务流程的标准化和高效化；而数据中台则聚焦于数据的整合、治理和运营，注重数据价值的挖掘和利用。

（2）面向对象不同。业务中台主要服务于企业的业务运营和管理层；而数据中台则更多地为企业内部各层级和外部合作伙伴提供数据支持和洞察。

（3）实施难度不同。业务中台的构建需要深入理解企业业务流程，抽象共性需求，整合各方资源；而数据中台的构建则需要处理海量数据，建立完善的数据治理体系，运用大数据技术和分析方法。

（4）价值体现不同。业务中台的价值主要体现在提升业务流程效率和灵活性上；而数据中台的价值则在于为企业提供数据驱动的决策支持和商业洞察。

业务中台和数据中台作为企业数字化转型的重要支柱，各有其独特的定位和功能。同时，业务中台与数据中台相辅相成，互相支撑。业务中台是数据中台的数据来源，数据中台为业务中台提供更高质量的数据资产。例如，在一些需要实时计算动态价格的业务中，业务中台和数据中台紧密协作，共同支撑业务前台。业务中台统一为不同的用户提供订单生成服务，而在生成订单的过程中，需要根据不同用户的情况，动态计算一个价格。在这种情况下，业务中台就需要调用数据中台中的实时数据计算模型。

企业在实施中台战略时，应根据自身业务特点和需求进行合理规划与选择。为了确保中台战略成功实施，企业应明确业务中台和数据中台的核心功能与价值，充分整合资源，建立完善的管理体系和规范化的流程。同时，企业还应关注业界最佳实践和发展趋势，不断优化和完善中台架构，以适应不断变化的市场环境和发展需求。

5.2.3 遵循基本原则，推进中台建设

无论是构建业务中台还是数据中台，在构建中台之前，企业都需要进行充分的思考。毕竟建设中台投入的资源多，需要协调企业内部的各个部门，建设周期也比较长，一旦失败，面临的损失往往是企业难以承受的。

在构建中台前，企业需要先思考几个问题：计划用中台解决哪些问题？基于现有的业务规模和数据规模，真的用得上中台吗？准备投入多少成本、用多长的周期来构建中台，成本是可承受的吗？组织是否准备好为中台配套相应的管理制度和管理流程，以保障中台顺利运行？

企业考虑清楚以上问题后，再继续考虑如何建设的问题。对于企业而言，构建中台需要遵循三项基本原则，如图5.3所示。

```
01  将中台建设提升到战略高度
02  业务决策优先于技术决策
03  赋能优先于治理
```

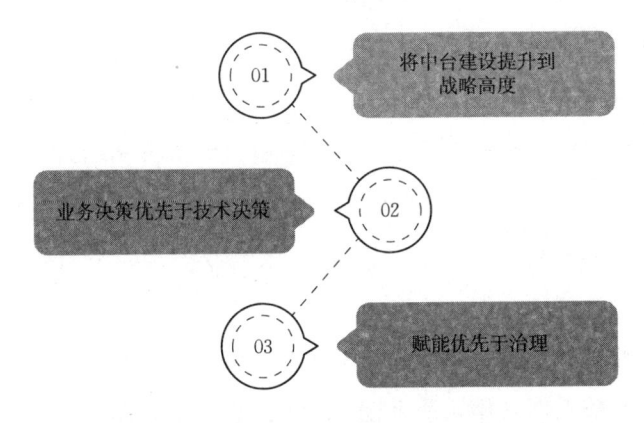

图5.3 构建中台需要遵循的三项基本原则

1. 将中台建设提升到战略高度

在构建中台之前，企业首先要确定自己的中台建设能否达到战略举措

的高度。所谓战略举措，意味着企业内部一致认为中台能够解决三个典型问题：提升 IT 能力复用率、打破数据壁垒、提升应用交付时间效率。一旦企业确立了中台转型的战略方向，那么企业的业务和技术发展都要遵循这样的战略。

企业要对战略目标进行阶段性的定义和检查。以阿里巴巴的业务中台为例，阿里巴巴共享业务事业部的出现，是其为了应对淘宝和天猫发展需要所采取的战略举措。而阿里巴巴的中台战略转型，意味着新的组织结构、新的合作方式、新的角色与职责边界的确立。

在聚划算出现之前，由于缺少战略方向引领，共享业务事业部的价值和地位非常尴尬：构建出来的服务没人用，而前台业务团队所提出的差异化需求都需要中台承载，导致中台部门工作强度和压力非常大。

在过去的十几年中，很多企业的 IT 部门都曾做过"中台化"或者"平台化"转型，但如果这一转型过程没有得到企业的战略支持，没有拉通业务和技术的企业级的决策过程，那么就很难到达战略举措的高度。很多情况下，即使一个中台或者平台被构建出来，在业务部门的层层压力之下，最终也变得形同虚设，企业架构转型被迫延迟或搁浅。

所以，企业要把中台建设提升到战略举措的高度，同时要对战略目标进行阶段性的定义和检查，不要冒进，分步推进战略目标，尽量避免中台建设在内部受到阻挠。

2. 业务决策优先于技术决策

还是以阿里巴巴的中台建设为例，阿里巴巴中台的前身共享业务事业部是一个业务部门。阿里巴巴和许多传统企业不同，作为一家互联网公司，其最大的特点是"技术即业务"。技术和业务是一个整体，技术架构重构的实质是业务的重构。

很多企业都会在内部划分业务团队和技术团队。在金融、物流、汽车制造等领域的诸多企业中，业务团队和 IT 团队是有着清晰的边界的。在战略转型方面，这些企业业务的战略转型和 IT 的战略转型可以是异步的。

在中台战略改变的是企业的业务形态以及业务的交付形态的前提下，是否构建中台、中台的构建原则以及基本交付形态，应当是业务决策而并非技术决策。业务团队围绕自己的发展目标和战略，来决定是否需要一个类似于阿里巴巴的共享业务事业部的业务团队，以重新对企业或者企业级的业务进行重新治理或者赋能。当业务中台部门构建成功，并定义了自己的职责和规划，以及中台的业务和应用之间的协作关系、交付策略之后，技术上可以构建一个业务中台，来支撑前台的业务发展需要。在这个模式下，业务先行是中台发展的关键前提。

在认知了中台的业务本质之后，不难发现，现在很多企业的中台构建过程，都是由企业的 IT 部门发起或主导的。在这种模式下，中台化的业务发展模式尚未明确，IT 团队构建的中台因为缺少业务的战略方向和输入，一般都会从企业的 IT 治理、提升复用的角度来考虑中台的价值。而站在这个角度，就需要向业务团队和前台的应用团队解释清楚"中台和前台的合作模式是什么"以及"哪些能力在中台承载，哪些能力放在前台承载"。

而技术含量高的数据中台，虽然目前并没有受到业务过多的约束，但可以预见当 IT 构建的数据中台缺少领域专家和数据科学家的参与，同样难以长期给企业的业务带来价值。例如，一个数据仓库团队因为对财务领域的知识不熟悉，导致在特性交付时一直在疲于应付业务团队的各种诉求，无法有效针对客户来做需求分析和引导。

如果企业把数据仓库换成了数据中台，由于要提供具有前瞻性的业务洞见，中台对业务领域专家和数据科学家的要求更高。如果数据中台的建设是业务决策而不是技术决策，业务的洞见和诉求会在第一时间融到中台建设过程中来，中台的价值风险也会相应降低。

3. 赋能优先于治理

IT 部门作为企业的成本中心，一直将治理作为其核心的职责。治理的目标是控制 IT 投入成本、提升 IT 构建效率，进而目标可以衍生出降低成本、提升复用率、提升 IT 流程的标准化程度等多种形态。

从过去 10 年企业 IT 转型的过程中不难看出，控制成本和提升业务响应力是站在同一个天平两端的完全不同的需求。10 年前，企业在苦苦思考敏捷转型能为自己降低多少 IT 研发成本；5 年前，企业在思考微服务架构的引入可以为自己降低多少 IT 投入。企业逐渐意识到，敏捷和微服务都是在为高响应力而不是为低成本服务。如今，"可以复用的企业级能力"符合降低 IT 投入的目标，但是从企业业务的发展需要来看，高响应力的企业级目标仍有意义。如果中台不能契合这一目标，相信最终被抛弃的不是业务或者用户，而是 IT 架构本身。

阿里巴巴"技术即业务"的特点反映出一个问题——治理其实仅是一种表象。通过业务主流程的标准化和中台化，前台的新业务会更快速地被构建出来，而不再需要新业务团队从头到尾完整地构建一遍其他业务部门已经构建过的业务。这时，治理的目标基本上已经完全退让给赋能这一更大的目标。这样就实现了企业希望通过构建中台解决的重要问题——缩短应用开发的交付上线时间。

平台与中台有何区别？简而言之，平台面向生态和赋能，中台更多面向治理。中台之所以在国内大火，某种意义上是因为国内企业的 IT 团队仍然在为自己的"成本中心"的定位寻找新的价值点。

如果企业将构建平台或中台作为一种战略，并且由业务团队主导构建过程，那么这样的中台所要承载的使命，远远大于一个"成本中心"所承担的使命。淡化治理、强化赋能的思路，可以使企业在构建中台的过程中更多地关注这一战略举措所带来的业务收益，而不会仅关注降低了多少 IT 成本；更多地关注应用团队面向客户的需求来构建新的业务特性，而不是仅关注团队使用了多少中台标准化的能力。

在一个还没有实现"技术即业务"的企业中，构建中台是一个需要通过战略引领、业务部门拉动、以构建生态为主要愿景的 IT 架构建设过程。如果企业已经实现"技术即业务"，则可以大胆地构建中台。

5.3　从经典案例中借鉴成功经验

产业互联网与中台建设共同推动着企业的数字化转型。在这两方面的探索中，企业可以借鉴其他企业的一些成功经验，积极推进自身的数字化转型。

5.3.1　美的：构建工业互联网平台

作为家电行业的领军企业，美的紧跟数字化转型潮流，打造了工业互联网平台——美擎。该平台是美的数字化转型的重要载体，旨在通过技术与模式创新，实现生产过程自动化、智能化，推动企业的数字化升级。

美擎工业互联网平台采用先进的设计架构，包括四大层次：能力层、应用层、商业层和产业层。这种层次化的设计使平台能够灵活应对多样化的需求。同时，该平台汇聚了美的旗下多个矩阵，如美的机电事业群、美的金融、美的采购中心、美的模具等，形成了强大的工业云生态。此外，该平台具备工业仿真、智能互联等能力，整合了众多工业机理模型和微服务组件，能够为企业提供强大的技术支持。

在平台应用方面，美擎工业互联网平台已经在美的旗下的智慧工厂中实现了落地应用。借助该平台，智慧工厂的产能大幅提升，人工成本大幅降低，实现了更加智慧化的发展。这验证了美擎工业互联网平台的能力。同时，美擎工业互联网平台也为电子、汽车、设备等多行业的企业提供服务，为其打造数字化解决方案。其解决方案覆盖研发设计、生产制造、供应链管理等多个方面，为企业提供全面的数字化转型支持。

美擎工业互联网平台成为行业内的标杆，不仅推动了美的数字化升级，也为整个行业的数字化转型作出了贡献。未来，美的将持续推进平台创新，助力更多企业的数字化转型。

5.3.2　科大讯飞：以 AI 中台赋能企业数字化

科大讯飞是 AI 领域的知名企业，其以 AI 中台为核心，积极助力企业的数字化转型，并取得了显著成效。

AI 中台是科大讯飞打造的一种集成了 AI 技术的综合服务平台。其具备语音识别、自然语言处理等多种 AI 能力，并提供丰富的 API 接口和开发工具，能够帮助企业快速构建和部署 AI 应用。企业可以根据自身需求灵活选择不同的 AI 能力，构建符合自身业务需求的 AI 应用。同时，科大讯飞注重数据安全和隐私保护，其 AI 中台采用了严格的安全防护措施，能够确保企业数据的安全性。

在推动企业数字化方面，科大讯飞的 AI 中台能够在多领域实现应用。例如，在金融领域，科大讯飞能够为银行、证券交易所等金融机构提供 AI 中台服务，帮助其实现数字化经营。借助 AI 中台，金融机构能够打造智能客服、智慧网点等，提升服务效率。在医疗领域，科大讯飞能够为医院、体检机构等医疗机构提供 AI 中台服务，实现辅助诊断、智能监管等。基于 AI 中台的技术支持，医生能够更快、更准确地做出决策，提高工作效率。

在实践探索方面，科大讯飞与越秀集团合作，帮助其构建智慧化的 AI 中台。越秀集团是一家业务覆盖金融、交通基建等领域的综合性企业，对数字化转型有着较为迫切的需求。为此，其与科大讯飞达成合作，借助科大讯飞的技术能力打造 AI 中台。

在合作过程中，科大讯飞主要围绕以下几个方面帮助越秀集团进行 AI 中台建设：

（1）AI 集市建设。科大讯飞为越秀集团建设了 AI 集市。AI 集市中内置了科大讯飞的多项 AI 能力，覆盖语音、自然语言处理等方面。AI 集市为越秀集团提供了即开即用的 AI 能力支持，推动了系统的智能化升级。

（2）AI 场景应用。科大讯飞提供了多项场景方案，覆盖财务、会议等办公场景。这些方案能够实现非结构化数据向结构化数据的转化，实现合同内容逐字比对及审阅、办公会议文件撰写等，提高越秀集团的工作效率。

（3）AI 集约管理平台。科大讯飞帮助越秀集团打造了 AI 集约管理平台，实现了企业自研、第三方公有云 AI 能力的集中管理，并通过架构解耦、资源备份等保证 AI 服务的稳定性。

（4）AI 能力生产平台。科大讯飞帮助越秀集团打造了 AI 能力生产平台，支持机器学习、深度学习等方面的模型训练，生产专属 AI 能力。借助数据进行持续迭代，这些能力能够在使用中不断进化，性能持续提升。

通过建设 AI 中台，越秀集团实现了企业内的 AI 能力共享，避免了能力的重复建设。同时，其在财务、合同等关键业务环节的工作效率大幅提升。AI 中台的打造为越秀集团的数字化转型提供了强有力的支撑，加速了其数字化转型进程。

5.3.3 雅戈尔：利用数据中台寻求转型

雅戈尔是服装行业的领先企业，在数字化趋势下，其积极推进数字化转型，通过构建数据中台实现数字化运作，提升运营效率。

雅戈尔的数据中台采用了先进的技术架构，包括分布式存储、高性能计算、大数据处理等技术，确保数据处理的实时性和准确性。数据中台的建设从多方面推进了雅戈尔的数字化进程，如图 5.4 所示。

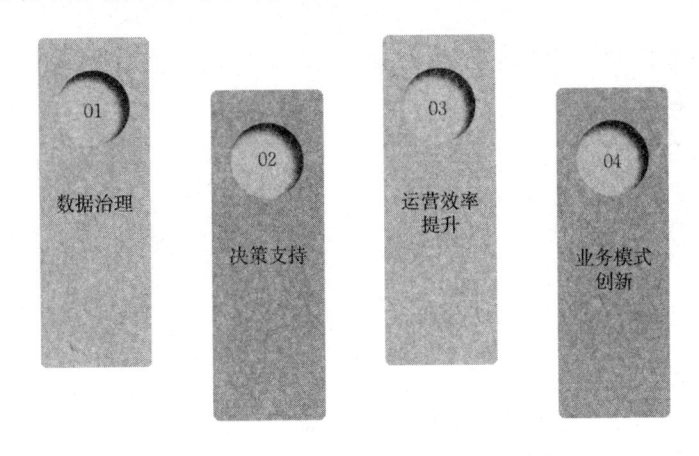

图 5.4 数据中台推进数字化转型的四个方面

1. 数据治理

雅戈尔通过数据中台建设，实现了从设计到销售终端的全链条数据整合，打破了各系统之间的数据壁垒。在此基础上，雅戈尔通过数据治理规范了数据标准，提升了数据质量，为后续的数据分析和应用奠定了基础。

2. 决策支持

数据中台为雅戈尔提供了多样的数据分析和挖掘工具，能够为决策提供数据支持。通过数据洞察，雅戈尔能够更准确地把握市场趋势和需求，为产品开发、市场营销等提供有力支持。

3. 运营效率提升

数据中台建设使雅戈尔能够实时掌握生产、销售等各环节的运营情况，提高了运营效率。同时，通过分析运营数据，雅戈尔能够及时发现并解决运营中的问题，降低运营成本。

4. 业务模式创新

数据中台为雅戈尔的业务模式创新提供了有力支持。例如，通过数据分析，雅戈尔能够更精准地明确产品定位、制定合适的价格策略等。同时，数据中台也为雅戈尔的智慧营销、智慧物流等创新业务提供了数据支持和技术保障。

数据中台是数字化转型中的重要基础设施。随着数据中台的建设和应用，雅戈尔的数字化转型更加深入，驱动业务的全面数字化发展与创新升级。

◎下篇

数字化转型打造企业增长新引擎

数字化转型要立足实战,从 AI 赋能的角度出发,结合商业模式创新、营销推广策略、数字创意输出等关键环节,构建以用户为中心的数字生态体系。此外,在生产制造、供应链、财务管理等方面,积极引入数字化手段,以提高效率、降低成本、优化资源配置。通过这些措施,助力企业打造以用户为中心的数字生态体系,从而推动企业的持续增长,实现可持续发展。

第 6 章

AI 赋能：提供智慧化转型方案

AI 在企业数字化转型方面发挥着重要作用，能够为企业提供智慧化的转型方案。其能够通过智能分析、重塑企业业务与运营流程等，为企业的数字化转型提速。当前，AI 已经在数字化转型的多个场景实现了落地，驱动了各行业企业的数字化转型。在这一趋势下，企业需要积极在数字化转型中引入 AI，以实现高效转型。

6.1 AI 深入数字化转型多场景

AI 在数字化转型中的应用逐渐深入，渗透到智能决策、业务流程优化、工作流程优化等诸多场景中。这不仅提升了企业的运营效率，也有助于企业的业务与商业模式创新，驱动企业实现更好的发展。

6.1.1 智能决策：AI 为企业提供智能化决策支持

在数字化转型中，AI 能够为企业提供强大的智能决策支持，提升决策效率与精准性。具体而言，AI 能够从三个方面助力企业实现智能决策，如图 6.1 所示。

1. 数据处理与分析

AI 能够实现大规模数据的高效处理，这使得企业能够充分利用海量数据资源挖掘数据价值。借助各种智能算法，AI 能够深入挖掘数据背后的规律与趋势，这有助于企业发现新的市场机会、优化业务流程等，实现更好的发展。

```
         01  ──→  数据处理与分析
实时响应与决策分析 ←── 02
         03  ──→  智能决策模型构建
```

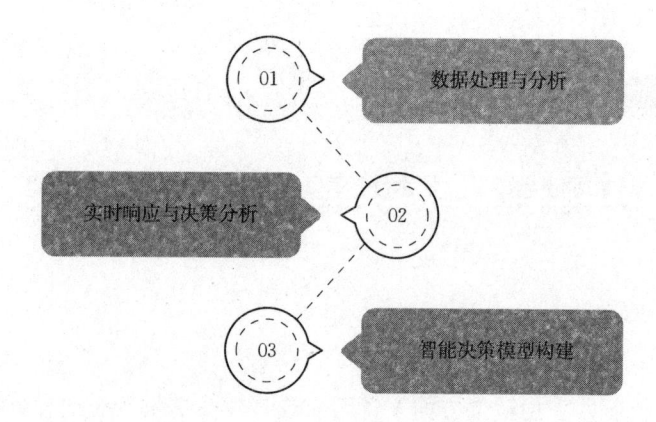

图 6.1　AI 助力企业实现智能决策

2. 实时响应与决策分析

融入 AI 的智能系统能够实时监测企业的运营数据、市场动态等，及时捕捉市场趋势变化、用户需求变化等信息，为企业实时响应市场变化提供帮助。同时，在数据监测的基础上，AI 系统还能够进行决策分析，为企业提供合适的决策方案，这能够帮助企业快速调整策略以应对市场变化。

3. 智能决策模型构建

企业可以根据自身的具体需求和业务场景，借助 AI 打造定制化的智能决策模型。智能决策模型能够反映企业的业务特点和决策需求，为企业提供精准的决策支持。同时，智能决策模型具有自主学习能力，能够随着数据的积累不断优化自身性能。在持续学习与优化下，智能决策模型能够不断提升决策效率与准确性，为企业创造更大价值。

AI 能够渗透生产制造、供应链管理、市场营销等多个方面，优化决策，提高决策效率，为企业的数字化转型提供精准、高效的决策支持。

6.1.2　业务流程优化：AI 助力业务高效运作

业务流程优化是数字化转型的重要内容。在这方面，AI 能够驱动业务流程智能优化，实现业务的高效运作。

（1）AI 能够自动处理重复性的任务，如数据录入、文件分类等。这能够释放人力资源，让员工能够专注于战略性与创造性的工作。同时，通过自动化处理，AI也提高了这些重复性任务的处理效率。

（2）AI能够通过对业务流程的深入分析，帮助企业识别并优化瓶颈环节，实现流程再造。这有助于企业提升流程效率，降低运营成本。同时，在客户服务、市场营销等业务流程中，AI能够提供智能推荐、定制化产品等个性化服务，提高企业服务水平。

（3）AI能够实时监控业务流程中的各环节，对异常情况发出警报并采取措施，确保业务顺利进行。通过数据分析与数据预测，AI还能帮助企业识别潜在的业务风险，并制定相应的风险控制策略，以保证业务稳健发展。

基于以上三项优势，不少企业都在业务中引入了AI，借助AI优化业务流程，提升业务数字化水平。例如，亚马逊借助AI实现了招聘业务流程优化。在简历筛选方面，亚马逊利用AI自动处理简历，通过关键词搜索、语义分析等方式，快速筛选出符合岗位要求的候选人。这大幅降低了人工筛选的时间成本，提高了筛选效率。在筛选出符合条件的简历后，AI会进一步分析候选人的教育背景、工作经验、技能专长等信息，与岗位需求进行匹配，最终挑选出合适的候选人。

在智能评估方面，亚马逊在招聘流程中加入在线评估环节，利用AI设计评估题目，衡量候选人的能力。根据在线评估的结果，AI能够初步筛选出表现优异的候选人，这大大提高了筛选的精准度。

在候选人面试方面，亚马逊采用视频面试的方式，借助AI记录并分析候选人的表现。这有助于招聘团队直观地了解候选人的沟通能力、职业素养等。同时，AI还能作为面试的辅助工具，提供候选人的背景信息、历史表现等数据，帮助面试官更全面地了解候选人。

此外，亚马逊还基于AI实现了招聘数据的分析。亚马逊通过AI收集和分析招聘过程中的海量数据，包括简历投递量、面试通过率、候选人留存率等。这些数据有助于亚马逊了解招聘效果，优化招聘策略。

亚马逊借助AI实现了招聘业务流程优化。从简历筛选到面试，再到数据分析，AI都发挥着重要作用。这不仅提高了招聘效率和质量，也促进了亚马逊的多元化发展。

6.1.3 工作流程优化：AI 优化工作效能

在数字化转型中，AI 能够优化工作流程，打造智能化的办公场景。这能够提高工作效率，优化工作效能，促进企业内部的协同与创新。

AI 对工作流程的优化体现在以下两个方面：

1. 各种 AI 智能系统、智能设备的融入实现了工作流程的优化

一些重复的工作可以交给 AI 完成，在员工工作过程中，AI 能够为员工提供辅助。例如，在召开会议方面，AI 能够从多方面为员工提供助力。

在会议准备阶段，AI 能够基于参会者的日程和偏好，自动安排会议时间，并发送提醒。同时，AI 能够分析会议主题、参会者需求等，自动整理相关资料，如背景信息、数据报告等，为会议提供支持。

在会议进行中，AI 能够将会议音频或视频实时转换为文字，减少人工记录的工作量，并提高记录的准确性。同时，AI 能够分析会议记录，提取关键信息并生成会议摘要。这有助于参会者快速了解会议内容。对于多语言会议，AI 还能够提供实时翻译服务，确保信息的顺畅传递。

在会后处理阶段，基于会议记录，AI 能够自动生成详细的会议纪要，包括会议主题、参会人员、讨论内容、决定事项等。这有助于后续工作的跟进和执行。同时，AI 可以分析会议纪要中的决定事项和行动计划，自动分配任务给相关人员。

2. AI 促进了数据的整合与流动，有助于实现跨部门协作

（1）智能搜索和推荐系统。AI 通过自然语言处理和机器学习算法，能够自动分析、整理并展示企业的各种信息。同时，员工在查找信息时，AI 能根据搜索历史、偏好等智能推荐相关内容，提高信息获取效率。

（2）自动化工作流。AI 能够根据预设规则自动处理日常任务，如项目进度跟踪、任务分配等。这加快了任务流转速度，促进了跨部门协作。

（3）预测性分析。AI 能够与企业内的跨部门协作平台结合，提升平台的智能性。在跨部门协作平台上，AI 算法能够对未来的工作负荷、资源需求、潜在风险等进行预测。这有助于企业优化资源配置，提前规避潜在问题，保障项目顺利进行。

通过对工作流程的多方面优化，AI 能够提升员工的工作效率，促进部门协作，实现企业的高效运转。

6.2 企业引入 AI 能力的两大路径

对于企业而言，引入 AI 能力存在两大路径：自主研发 AI 技术；引入外部 AI 应用。两条路径各有优劣，企业可以根据自身的实际需求和发展状况合理选择。

6.2.1 技术自主研发，打造 AI 技术平台

自主研发 AI 技术是引入 AI 能力的一大路径。这要求企业具备较强的技术实力，能够进行持续的研发投入。在布局这一路径时，企业需要做好五个方面，如图 6.2 所示。

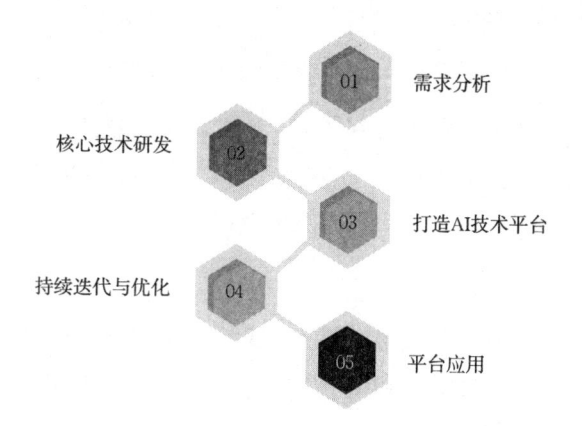

图 6.2 自主研发 AI 技术的布局路径

1. 需求分析

企业需要做好需求分析，分析现有业务流程的痛点，以及未来的发展需求，明确 AI 技术需要解决的问题。在此基础上，企业需要组建专业的研发团队，为后续的技术研发打好基础。

2. 核心技术研发

在核心技术研发方面，企业需要做好三项工作。

（1）算法研发。针对发展需求研发适合自身业务场景的AI算法，如机器学习、自然语言处理等。

（2）数据积累。建立数据采集、清洗、标注和存储的完整流程，为AI算法提供高质量的数据支持。

（3）模型训练与优化。利用自有数据进行模型训练，并通过持续的数据反馈进行模型优化，提高AI系统的准确性和效率。

3. 打造AI技术平台

企业需要设计灵活、可扩展的AI技术平台，以支持多种AI算法和应用的集成与部署。在此基础上，企业可以根据自身实际需求开发AI应用，如智能客服、智能推荐系统等。AI技术平台能够提供丰富的API接口和集成方案，能够与企业现有业务系统实现无缝集成。

4. 持续迭代与优化

在打造好AI技术平台后，企业还需要对其进行持续优化。一方面，企业需要建立数据反馈机制，收集AI系统在实际应用中的表现数据，为后续的算法优化提供依据；另一方面，企业需要关注AI技术的最新发展动态，及时引入新技术、新算法，保持AI技术平台的领先性。

5. 平台应用

在平台应用方面，企业可以借助AI技术平台进行业务模式创新，如开展智能营销、打造智能客服等。同时，通过AI技术平台提供的数据分析和预测能力，企业能够更好地进行管理决策。此外，企业可以基于AI技术平台与产业上下游企业建立合作关系，共同构建基于AI技术的产业生态体系，加速数字化转型。

这一路径对企业的资金、技术能力的要求较高，也存在较大的挑战与风险，但能够帮助企业掌握核心技术，为数字化转型提供全面的技术支持，为企业带来显著的竞争优势和长期价值。

6.2.2 引入外部 AI 应用，优化运营环节

引入外部 AI 应用是一种高效、灵活的策略，能够帮助企业快速部署 AI 能力。

在通过这一路径引入 AI 能力时，企业首先需要明确引入 AI 应用的目的和需求，例如，实现数字化生产，提高生产效率；实现供应链数字化管理，提升供应链管理水平等。明确的目标和需求是后续选择合适的 AI 应用的前提。然后，企业需要做好市场调研。企业需要关注 AI 技术在所在行业的最新应用案例和成功案例，了解市场趋势和技术发展方向；对市场上的 AI 服务提供商进行研究，了解不同服务商的技术实力、产品性能、客户评价等，选择合适的服务商。

在具体选择上，企业需要考虑以下要点：

（1）功能匹配。根据企业的具体需求，选择功能匹配度高的 AI 应用。

（2）成本效益分析。综合考虑 AI 应用的成本，包括购买、部署、维护等方面的成本，以及预期收益，进行成本效益分析。

（3）可扩展性与兼容性。确保所选的 AI 应用能够与企业的 IT 基础设施、业务系统等兼容。同时，AI 应用需具备可扩展性，以应对未来的需求变化。

在 AI 应用的定制化部署阶段，企业需要考虑自身运营的特殊性，对 AI 应用进行一定程度的定制化开发，保证其完全符合自身需求。企业需要与 AI 服务提供商紧密合作，共同制订详细的定制化开发计划，并确保开发过程顺利进行。在开发完成后，企业还要将定制化的 AI 应用与现有的业务系统集成，并对集成后的系统进行全面测试，以实现信息的无缝对接和系统的稳定运作。

在引入 AI 应用后，企业应积极展开一系列的培训与推广举措。首先，针对 AI 应用的普及，企业应为员工提供全面而细致的培训，内容涵盖但不限于操作方法、使用技巧等，旨在使员工能够迅速掌握并熟练运用 AI 应用，从而提升工作效率与质量。

在推广层面，企业应采取双管齐下的策略。对内，通过内部会议、工

作坊、在线课程等多种形式,积极宣传 AI 应用的优势与潜力,增强员工对 AI 技术的认知与兴趣,激发其主动学习和应用的积极性。对外,企业则应通过案例分享、成果展示、行业交流等方式,向外界展示 AI 应用为企业带来的实际成效与创新价值,进而提升企业品牌形象,吸引更多合作伙伴与客户。

此外,企业需要对 AI 应用进行持续优化。一方面,企业需要建立一套完善的数据收集与效果评估机制,以便及时发现问题、总结经验并制定相应的优化措施;另一方面,企业要与 AI 服务提供商保持紧密合作,共同探索新的解决方案,创造更多价值。

这一布局路径对外部技术的依赖性较强,但能够实现 AI 能力的快速、低成本部署。企业可以根据数字化转型需求部署多样的 AI 应用,为自身的转型提速。

6.3　AI 助力多行业数字化发展

AI 能够在制造、金融、医疗等诸多行业中发挥作用,助力企业的数字化转型。在 AI 的赋能下,企业能够打造多样的智能系统,实现生产、管理等的自动化、智能化,进一步提升数字化水平。

6.3.1　融入生产与管理,AI 加速制造企业转型

在制造领域,AI 以惊人的速度融入制造企业的生产与管理,加速其数字化转型。具体而言,AI 能够从以下几个方面助力制造企业的数字化转型:

1. 优化生产流程

在生产方面,AI 算法能够模拟工厂布局和生产流程,通过数据分析找到最优解决方案,实现高效生产。同时,融入了 AI 技术的机器人和自动化系统能够执行复杂的生产任务,如装配、包装、焊接等,这能够提高生产效率和一致性。此外,AI 视觉系统能够实现产品质量检测,快速识别不

合格产品，这能够降低次品率，提高产品质量。

2. 提升管理效率

在管理方面，AI算法能够优化生产计划和排程，根据市场需求和生产资源的变化自动调整生产计划，这有助于实现高效、灵活生产。同时，AI能够优化供应链管理，包括合理控制库存、优化物流计划等。通过实时数据分析，AI能够预测需求波动，及时调整库存、物流等，提高供应链的响应速度和灵活性。

3. 推动创新

AI能够实现自适应制造，根据市场需求和生产资源的变化灵活调整生产计划。这能够提高企业的灵活性和竞争力，使其能够迅速响应市场变化并抓住新的商业机会。同时，AI在产品设计和开发阶段的应用能够帮助企业更快地推出符合市场需求的新产品。通过模拟和预测市场需求变化，AI能够辅助企业及时优化产品设计，缩减开发周期并降低成本。

总之，通过优化生产流程、提升管理效率和推动创新等多方面的赋能，AI将助力制造企业实现高效发展。

6.3.2 突破发展瓶颈，AI促进金融机构迭代

在金融领域，AI能够促进金融机构数字化、智能化迭代，帮助其突破发展瓶颈，主要表现在三个方面，如图6.3所示。

- 01 提升金融服务效率与体验
- 02 优化风险管理与决策
- 03 推动金融产品与服务创新

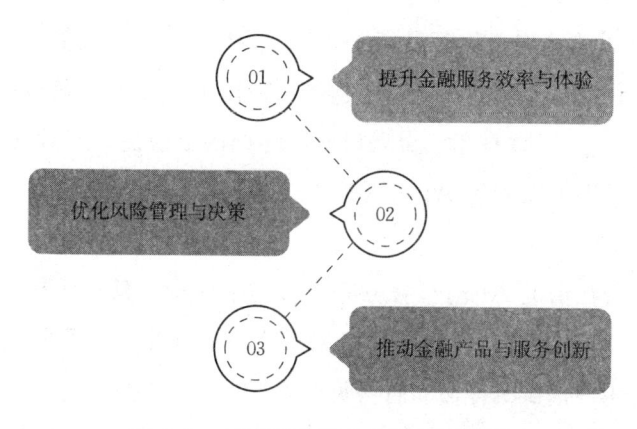

图6.3 AI促进金融机构迭代的表现

1. 提升金融服务效率与体验

当前，深度学习、自然语言处理等 AI 技术已经被广泛应用在智能客服系统中，实现了意图识别、上下文理解等智能服务能力。这不仅提升了金融客服的服务效率，也为客户带来了个性化的服务体验。

例如，基于 AI 技术优势，金融机构马上消费金融打造了金融智能客服平台。该平台聚焦智能客服服务、智能数据服务等场景，借助大模型技术实现端到端对话能力，提升客户触达的有效性和精准度。该平台在降低人力成本、提升服务质量等方面取得了显著成效。

2. 优化风险管理与决策

AI 技术在金融风险管理和控制方面也发挥了重要作用。通过构建可信的 AI 决策能力，金融机构能够提升管理与决策的精准度和效率。

2024 年 4 月，网商银行对旗下大雁系统进行了升级，将 AI 大模型的能力深度融入金融风控。在 AI 大模型的支持下，网商银行能够更精准地识别小微企业存在的风险，提升风控能力。AI 大模型的引入，丰富了小微企业的认知画像维度，提高了风控系统的数据解析和风险评估能力。同时，升级后的风控系统能够显著降低人力成本，提高审批效率。这对于金融机构来说，意味着更低的运营成本和更高的服务效率。

3. 推动金融产品与服务创新

AI 技术助力金融机构开发新的金融产品和服务，如智能投顾、区块链金融等。这些创新产品能够更好地满足用户需求，提升金融机构的市场竞争力。同时，通过 AI 技术，金融机构能够提供更便捷、高效的金融服务。例如，金融机构可以利用 AI 实现远程开户、在线贷款审批等，提升客户服务体验。

民生银行在借助 AI 创新服务方面做出了探索。其在手机银行中融入 AI 技术，为用户提供更加智能的金融服务。其推出了手机银行数字员工"小筌"，为用户提供听得懂、看得见的金融服务。这种智能交互方式使得金融服务更加灵活、易懂。同时，民生银行在手机银行中推出了智能账簿、智能收支等功能，提供便捷的收支记录和分析功能，帮助用户更好地管理个人财务。

综上所述，AI能够从多方面推动金融机构迭代，助力金融机构实现数字化、智能化发展。未来，随着金融机构对AI技术的进一步探索，更多的智慧服务将会出现，金融机构也将实现进一步发展。

6.3.3 系统升级，AI助推医疗机构转型

AI在医疗领域的落地能够帮助医疗机构打造智慧化的系统，推进医疗机构的数字化转型。

在技术革新方面，通过引入AI技术，医疗机构可以打造更加智能的诊疗系统。AI能够辅助医生进行病情诊断、制定治疗方案，甚至预测疾病发展趋势，提高诊疗的准确性和效率。同时，AI在医疗影像分析领域的应用尤为突出。通过深度学习等技术，AI可以快速、准确地识别影像中的病变区域，为医生提供客观、科学的诊断依据。

在变革服务模式方面，AI技术的应用推动了远程医疗的发展。患者可以通过互联网平台实现远程咨询、诊疗，打破了就诊的地理和时间限制，提高了医疗服务的可及性。同时，医疗机构可以通过AI技术优化预约和排队系统，实现智能化调度和排队管理，这有助于减少患者的等待时间，提高医疗资源的利用效率。

在运营管理优化方面，医疗机构可以更好地管理和利用医疗数据。AI技术可以对海量数据进行快速处理和分析，为医疗机构的管理决策提供有力支持。通过AI技术对医疗资源进行智能化调度和优化配置，医疗机构能够降低运营成本，提高资源利用效率。

在借助AI推进数字化转型方面，不少医疗机构已经做出了探索。例如，基于对AI、大数据等先进技术的探索和创新，温州医科大学附属第一医院实现了服务流程优化。

在就诊环节，该医院借助AI、大数据等技术，打造了智能预就诊系统。通过对话式预问诊，该系统能够根据患者给出的症状信息为其匹配相应的科室与医生，帮助患者完成预约。同时，该系统还能够自动生成病历，帮助医生了解患者信息。此外，借助人脸识别技术，该系统简化了挂

号、缴费、取药等环节，缩短了患者的就医时间。

在辅助诊疗方面，该医院引入了基于 AI 的临床辅助决策支持系统。该系统能够基于知识库和疾病诊断知识，给出分析结果和治疗建议，辅助医生决策。这提高了诊断的准确性和治疗方案的精准性。

此外，温州医科大学附属第一医院也积极探索大模型技术，致力于构建智慧医院系统。当前，该医院已经与京东健康达成了合作，双方集合优势资源，借助医疗大模型、大数据、云计算等技术，共同进行医院智慧服务的顶层设计，并推进方案实施。基于这些探索，双方打造创新的医院服务模式，改善患者就医体验，助推医疗体系高质量发展。

6.3.4 上汽集团：持续发力的转型之路

在数字化转型中，上汽集团意识到了 AI 的重要作用，将 AI 作为转型的核心驱动力。为了加速 AI 技术研发与应用，上汽集团成立了 AI 实验室。在长期的研发探索中，上汽集团在 AI 算法领域取得了突出成果，并将这些成果应用到智能制造、物流等领域。

同时，上汽集团积极推进智能制造和数字化工厂建设，通过 AI 技术实现生产过程自动化、智能化和数字化。在智能制造领域，上汽集团利用 AI 技术进行生产调度、质量控制、设备维护等环节的优化，提升了生产效率和产品质量。同时，数字化工厂建设为上汽集团提供了更加灵活、高效的生产模式，满足了快速变化的市场需求。

在智能网联汽车和自动驾驶领域，上汽集团也取得了重要进展。其通过 AI 技术实现车辆的智能互联和自动驾驶功能，提升了用户体验。例如，上汽集团推出的互联网汽车智能系统集成了 AI 语音、个性化大数据主动导航、物联网手机远程车控等多项功能，为用户提供更加便捷、智能的出行体验。

在数字化营销方面，上汽集团充分利用 AI 助力营销。通过 AI 技术进行用户画像分析、精准营销和客户服务等环节的优化，上汽集团能够更好地了解用户需求和市场趋势，提供更加个性化、精准的产品和服务。同时，数字化营销也帮助上汽集团提升了品牌影响力。

上汽集团借助AI推进数字化转型的成果显著。通过多个方面的努力，上汽集团实现了从传统汽车制造商向智能网联汽车领域领先者的转变。未来，随着AI技术的不断发展和应用，上汽集团将继续深化数字化转型，实现高质量发展。

第 7 章

商业模式：数字化实现模式创新

在数字化时代，企业与用户都处于一个高度数字化的环境中，这为商业模式的创新提供了无限可能。越来越多的企业重新审视、创新商业模式，力求通过新颖的商业模式重塑自身的市场定位与价值主张。

7.1 数字化浪潮下，商业模式的精简与优化

面对数字化时代对效率与速度的高要求，企业更加重视商业模式的精简与优化。一个简洁明了的商业模式能够减少不必要的环节与流程，提升企业的运营效率与响应速度，从而更快地将市场机遇转化为实际利润。因此，企业应围绕核心价值主张，对业务流程进行深入的梳理与精简，去除冗余环节，构建出既高效又易于管理的商业模式。

7.1.1 学会商业模式创新背后的"套路"

企业在发展中遇到的许多困难，本质上都是企业的思维跟不上时代的发展，难以应对市场变化。对此，企业需要及时转变思维，学会商业模式创新背后的"套路"，实现创新发展。

例如，著名企业家马斯克革新了电动汽车的电池技术。他通过转变思维，挖掘产品背后的核心原理，再经过逆向推导、拆分重组后，实现价值重构，创造出足以颠覆产业的创新产品。

早期电动汽车无法广泛普及的原因在于价格过于昂贵。在将这个问题进行拆分后，马斯克发现电池是电动汽车最贵的零部件，每辆汽车都要花费近

5万美元配置电池。在找到核心问题后,他便开始进一步研究电池的材料及构造原理,对电动汽车的电池进行了革新,使得电动汽车的成本大幅降低。

当然,这种思维方式并不是马斯克专有的,类似的案例还有许多。例如,在马车公司经营困难时,福特没有立即开始对马车结构进行改良,他认识到用户使用马车是为了更快地到达目的地,由此他制定了汽车的制造方案,从根本上解决了公司遇到的问题。

当企业遇到经营困境时,管理者与其苦思冥想如何提升效益,不如找到问题的本质,重构企业的价值,实现更大的利润提升。当企业达到一定高度后,会被现有的技术、生产能力、战略方法所局限。如果无法从现有的思维模板中跳脱出来,则无法实现突破。

市场环境变化莫测,每一种新想法都可能使企业在激烈的市场竞争中脱颖而出。在这种情况下,企业更应该更新思维方式,积极推动商业模式创新,以找到破局点,获取更大的利润。

7.1.2 商业模式元素的组合创新

在快速变化的商业环境中,企业需要不断地对商业模式进行创新。在具体操作上,企业可以通过对商业模式的元素进行组合创新的方式推动商业模式创新。组合创新常用的方法是"旧元素+新组合",该方法通常需要经历四个步骤,如图7.1所示。

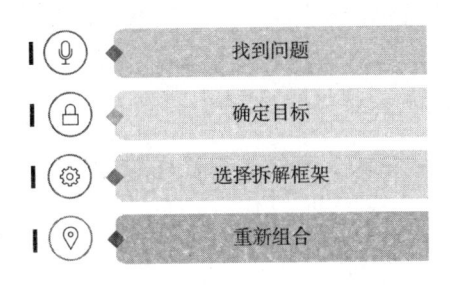

- 找到问题
- 确定目标
- 选择拆解框架
- 重新组合

图 7.1 组合创新的步骤

1. 找到问题

企业想要进行商业模式的创新,往往是发现了原有商业模式中存在的问题。例如,某工厂原料成本高,经确认,原来是原料供应商少导致的。

2. 确定目标

找到问题之后，企业就要明确商业模式创新的目标是什么。例如，原料供应商少，那么企业可以多寻找几家供应商，降低原料成本，防止其一家独大，从而获得议价权。

3. 选择拆解框架

选择拆解框架是组合创新的关键点，有两种拆解方法：一种是目标导向型，即先确定目标，再拆解重组，主要解决富有挑战性的问题；另一种是新机会探索型，即先拆解要素，再进行组合，主要用于解决创新性问题。

使用新机会探索型拆解框架时，企业首先要确定行业边界，然后将商业模式拆解为供给端、连接端与需求端三个部分。需求端也是用户端，用户会在功能场景和情感方面对产品产生偏好。供给端是生产端，是制造产品的一端，以产品的价值链与特性为拆解依据。连接端涉及线上、线下、物流、资金流、信息流等方面，为需求端与供给端建立联系搭建了桥梁。

4. 重新组合

重新组合是商业模式创新的破局之道，对内能够梳理企业业务及核心能力，对外能够避开对手锋芒错位竞争。企业通常会引入PEST（指从宏观环境分析）模型和波特五力模型对变化的要素加以识别，将拆解后的关键要素进行重新组合，形成新的商业模式。

根据行业和企业情况的不同，PEST模型的因素也有所不同，但总体上都会对政治、经济、社会和技术因素进行分析。而波特五力模型是对行业内决定竞争规模和程度的因素进行分析。"五力"是指竞争者的竞争能力、潜在竞争者的进入能力、替代品的替代能力、供应商的讨价还价能力和购买者的议价能力。

7.2 商业模式迭代的要点

随着云计算、大数据等技术的发展，数字化商业模式崛起。许多企业利用数字技术对传统商业模式进行升级，打造数字化商业模式，以提高市场竞争力，获得更大的发展。

7.2.1　挖掘蓝海市场，提升竞争力

对于大多数行业来说，如今的主流市场已经渐趋饱和。如果企业无法挤入红海市场，那么不妨转换思维，在小众蓝海市场快速成长。不少创业公司的成长史都是这样的：开拓新兴产品，形成自己独特的产业价值链，由小众发迹，破圈于主流之外。这种创新模式被称为边缘创新。

边缘创新是由边缘价值网切入的策略，创新源于边缘，边界模糊的市场在快速变化，变化则意味着机遇。

以知名咖啡连锁品牌星巴克为例。1984年，星巴克首次将新品拿铁咖啡引入美国，在今天最普通不过的拿铁咖啡在当时的美国却是一个边缘市场的创新产品。在此之前，美国从未有人想过浓缩咖啡中可以加入牛奶。这次的边缘创新大获成功之后，星巴克在1994年推出了传统咖啡与饮料的结合——星冰乐，这款非主流产品同样广受好评。

在边缘市场的创新让星巴克迅速占领了咖啡市场的蓝海，为了积累自己的核心用户群，星巴克从20世纪70年代就开始给用户邮寄咖啡豆。而这些用户通常是相对富裕、对休闲艺术等小众生活方式感兴趣的人群，他们认为星巴克的咖啡质量丝毫不逊色于主流市场的大品牌。因此，在星巴克中后期实施区域拓展破圈策略时，这批种子用户成了有力的口碑宣传者，为星巴克成为咖啡主流市场大品牌奠定了基础。

星巴克之所以能够获得成功，是因为其采取了边缘创新策略，并且在创新的同时严格把控产品质量，迅速占领咖啡的蓝海市场，从边缘市场逐步走入大众视野。星巴克的边缘创新产品拿铁咖啡和星冰乐并不能简单地归于咖啡市场，以动态发展的眼光来看，星巴克的拿铁咖啡既属于咖啡市场又属于牛奶饮品市场，而星冰乐则可以归入咖啡市场、果汁市场和茶饮市场等多个市场。这种边界模糊的市场定位有利于产品的创新发展。

时至今日，占据了咖啡主流市场的星巴克依然坚持在咖啡行业的边缘市场进行产品创新，咖啡奶茶、无咖啡因咖啡、红富士拿铁等新品受到了用户的赞誉。

像星巴克这样的企业还有很多。例如，以弹幕网站起家的二次元巨头B站（哔哩哔哩弹幕网）在创立初期就坚持以二次元爱好者为核心用户群体，这样既避免了与背景深厚、资源充足的竞争对手直接正面竞争，又能够使自身在二次元市场的影响力进一步扩大。最终B站通过成功抓住蓝海市场，将自身与其他企业区分开，被更多用户看到。

而同样在咖啡市场进行边缘创新的品牌三顿半，选择了与星巴克不同的创新方向。它主推速溶咖啡，用户将冻干咖啡粉直接倒入牛奶或常温水中就可以直接饮用，无须像雀巢等产品一样需要热水冲泡。三顿半的产品既有速溶咖啡的方便性，又有星巴克一样的萃取口感，因此它占据了未曾被人涉足的市场，并以此打响了品牌知名度。

在市场竞争中，企业不一定要随着主流市场生产产品，而是要学会发现当前市场中缺少的产品，从蓝海市场中寻找突破口，提升市场竞争力。

7.2.2　实现商业模式多元化营收

对于企业而言，实现商业模式的多元化营收十分重要。具体而言，实现多元化营收的方式主要有三种，如图7.2所示。

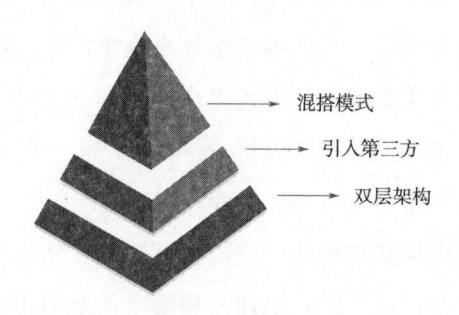

图7.2　实现多元化营收的三种方式

1. 混搭模式

混搭是指将不同行业的产品根据用户的使用场景融合在一起，从而提升销量。这种模式的关键在于跳出固有的行业观念和惯性思维，真正以用户为中心思考问题，只有这样，才能解锁混搭的各种可能性。

2. 引入第三方

对于企业而言，用户流量是有价值的。如果企业想要增加收入，就需要引入愿意为企业的用户流量付费的第三方。第三方的引入会改变企业的盈利结构，企业的收入不再只来源于用户，而是既有来自用户的订单，也有来自第三方的订单。

3. 双层架构

双层架构以平台为载体，即建立基础平台和上层平台，分别提供不同的产品和服务，以吸引不同需求的用户群体。

设置双层架构，企业要牺牲基础平台的一定利润，以吸引更多用户，为上层平台奠定盈利的基础。另外，企业要明确基础平台和上层架构的侧重点：基础平台以价格取胜，因此尽量选择在基础平台上销售高频的产品和服务；上层平台中应有与基础平台存在强关联的应用场景，否则用户很难转化。此外，上层平台的产品要有高性价比，不能一味追求暴利。

总之，在推动商业模式迭代的过程中，企业需要聚焦营收，提升商业模式所带来的营收的多样性，提高商业模式的竞争力。

7.2.3 携程：持续创新的商业模式

作为旅游出行领域的头部企业，携程的持续发展离不开商业模式的持续创新。

1. 携程的第一次组合创新

旅游业是一个综合性服务行业，在成立初期，携程细化切入角度，拆解其中的关键要素。国际公认的旅游要素有吃、住、行、游、购、娱，但是单从这些要素切入依旧不够。依据线上旅游业交易和支付错位发生的特点，携程从中找到了关键要素。

携程将要素拆解并将要素重组。重组的逻辑非常清晰：面向用户，为用户提供高频、刚需的服务。而在旅游要素中，"住"和"行"是刚需。因为用户可以自带方便食品，自由选择是否额外消费去游玩景点、购买商品和观看娱乐节目等，但在外旅游，就会不可避免地住宾馆和乘坐交通工具。而作为平台型企业，携程自然希望自己连接的两端越分散越好，因为这样有利于制定交易规则。因此携程选择了"住"作为自己的关键市场。

当时的宾馆、酒店大多是单体而非连锁形式，因此携程致力于将住宿场所和用户连接起来。携程颠覆了当时被动的连接模式，主动地为用户提供酒店选择，为酒店带来稳定的客源。为了能够更好地切入破局点，携程选择了一种朴实、有效的宣传方法——发小卡片。在当时互联网没有普及的情况下，这种方式非常奏效。

携程完成第一次商业模式的创新组合之后，第一个增长飞轮随之出现。宣传越多，酒店的潜在用户就越多，酒店的生意也就越好，而其他没有与携程建立连接的酒店会慕名与携程签约。与携程签约的酒店越多，用户的选择越多，满意度就越高，选择与携程签约的酒店的人也会越多。这就形成了效益的正向循环。

2. 携程的第二次组合创新

2005 年，旅游搜索引擎公司去哪儿成立，而且由于百度是其第一大股东，去哪儿的资源很丰富，享受到互联网的流量红利，业绩斐然。

相较于携程坚持组合创新，拆解供应端、需求端和连接端的关键要素并重组，去哪儿选择了顺应互联网时代发展的商业模式，将需求端市场定位于被忽略的年轻人群体。年轻人更热衷于使用互联网搜索引擎寻找价格低廉的宾馆。同时，相对中、高端酒店市场，去哪儿深耕中、低端宾馆市场。去哪儿供需端连接效率高，因此迅速打开了市场。

携程迅速将旗下所有业务迁移到无线移动端。携程倚仗自身的雄厚实力给予用户大量补贴，从旅游行业代理商向平台转化。基于新的组合创新，携程出现了第二个增长飞轮。移动端的补贴越多，携程移动端下载量越多，抢夺市场份额就越多。同时，获得补贴的价格敏感人群会更青睐中、高端酒店，而原有的签约酒店收入也会随着交叉购买的各档次产品和服务增多，由此又会出现效益增长飞轮。

3. 携程的第三次组合创新

2018 年，美团连续两个季度的签约酒店业绩强劲，成为携程的有力竞争对手。美团的供需链优秀，是以吃作为切入元素破局的。面对市场激烈竞争，参与者需要不断创新。携程再次拆解要素，以海外市场和下沉市场为发力点，提升产品聚合性。在需求端，携程进行了大量广告宣传；在供给端，携程收购多家细分企业，再次打造效益增长飞轮。

通过商业模式的持续创新，携程一次次在市场竞争中表现优异，最终成长为极具影响力的业内龙头企业。

7.3 变革商业模式的两大路径

在数字化浪潮中，企业应当抓住时机，积极调整自身的商业模式。变革商业模式的路径主要有两条：借助外部平台和推进内部平台建设。而在具体实践中，企业可以综合使用这两种方式，不断完善商业模式。

7.3.1 外部平台：以平台资源促进自身发展

在变革自身商业模式时，企业可以借助外部平台，利用外部平台的资源优化商业模式。在这方面，不少企业已经做出了探索。

在互联网经济兴起之时，作为传统家电制造商的海尔积极寻求与电商平台的合作，以变革商业模式。其与京东达成合作，将产品引入京东平台进行销售，拓宽了销售渠道，提高了产品销量。同时，借助京东完善的物流体系、售后服务体系等，海尔从多方面提升了用户的购物体验。

此外，通过与京东的合作，海尔开始尝试从消费者到生产者（consumer to manufacturer，C2M）模式，即根据用户需求定制化生产产品，实现了商业模式创新。这种模式能够减少库存积压，提高生产效率，并更好地满足用户需求。

除海尔外，家居企业居然之家也借助互联网平台提升了产品销量。居然之家与阿里巴巴合作，共同推出一个全新的平台——"躺平设计家"平台。居然之家利用线上平台的大数据算法，向用户精准推荐产品，让用户可以在线上挑选家居产品，为线下店铺引流。居然之家还注重提升服务水平和产品质量，确保线上线下业务的同步发展。通过商业模式的创新升级，居然之家实现了快速发展，产品销量显著增长。

使用这种方案变革商业模式的企业应该将注意力放在自身价值链最核心的环节，通过互联网平台成功实现商业模式变革，加快数字化转型的步伐。

7.3.2 内部建设：自建特色平台强化发展

除了借助外部平台，企业也可以整合内部资源，自建特色平台，打造"护城河"。

例如，平安集团依托"专业、自主、稳定、安全"的优势打造了一个金融云平台"平安云"。平安集团是一家综合性金融服务企业，一直将"成为国际领先的个人金融生活服务提供商"作为发展方向，坚持开源和自研相结合的发展路线。

"平安云"这一"护城河"是通过海量数据与新型基础架构模型相结合的方式搭建的。它提高了平安集团的业务效率，为平安集团的数据安全提供了保障，加快了平安集团数字化转型的速度。

小米也一直在致力于打造"护城河"。小米的"护城河"与平安集团的不同，它是一个虚拟的平台，核心在于对供应商资源的深度整合与控制。具体而言，小米不再让上游零部件供应商决定产品的生产周期，而是通过投资的方式持有厂家的股份，牢牢把握关键资源。这为小米的长久发展提供了强大保障。

在自建平台时，企业的首要任务是深刻理解并挖掘自身的核心能力，同时积极整合上下游资源。通过这样的方式，企业可以打造出符合自身特色和需求的专属平台，从而在激烈的市场竞争中脱颖而出。

7.3.3 推陈出新：外部与内部平台的综合探索

在变革商业模式的实际探索中，企业可以综合使用外部平台引入与内部平台搭建两条路径，深化商业模式变革。

例如，联合利华就将这两种方案结合，做到双管齐下。在引入外部平台方面，联合利华与阿里巴巴旗下的天猫平台达成合作关系，推动数字化能力共建。联合利华通过天猫平台及时获取用户需求，并加快研发符合用户需求的产品，提升产品销量。除此之外，联合利华还根据用户的反馈信息对产品进一步优化，通过借助外力实现加速成长。

在内部平台搭建方面，联合利华创建了"U创孵化器"平台，为新锐品牌提供一个发展的平台。该平台将联合利华和多样的新锐品牌连接，营造了透明、公平的市场环境，满足双方的需求。"U创孵化器"平台还与外部企业合作，为新锐品牌提供资源，在促进新锐品牌进一步发展的同时，带动了联合利华的发展。

引入外部平台与搭建内部平台的综合探索能够推动企业的商业模式革新，助力企业打造多元化的商业模式，进而驱动企业实现更好的发展。

第 8 章

营销推广：丰富营销内容

营销推广的数字化转型是企业适应现代市场环境、提升竞争力的重要手段。在这方面，企业需要变革营销思维、聚焦用户需求优化营销服务，并采取多元化的营销数字化路径，全面提升营销效率和效果。

8.1 数字化时代，创新思维与策略革新

在数字化时代，营销环境的变化、营销手段的更新促使企业需要改变营销思维和营销策略。在这方面，企业需要建立营销新思想，并以数据为依据设计营销策略。

8.1.1 思维转化：从入口思维到触点思维

当前，很多企业都以入口思维指导营销实践。入口思维强调的是建立有效的流量入口，以吸引潜在用户进入企业的营销渠道。在这种思维模式下，企业关注如何通过广告投放、搜索引擎优化（search engine optimization，SEO）等手段将用户引导至自己的网站、App 等主营渠道。但在用户注意力越来越分散的当下，传统的思维模式逐渐失效，企业需要树立新的思维方式。

触点思维是一种更符合当下企业营销需求的新思维，指的是企业通过多样的触点与用户建立连接，为用户提供更全面、更贴心的服务。

触点可以有效吸引潜在用户的注意力，通过富有创意的营销活动向用户传递品牌的态度及价值观。互联网技术的进步使每个触点都有机会变成

入口，这也导致传统的商业模式发生了极大的变革。从流量思维转变为触点思维，充分挖掘业务流程中的重要触点，有针对性地开展营销活动，是企业实现品牌营销转型升级的核心。

好友推荐、企业官网、在线直播、活动物料、客服等都可以成为触点。这些触点会潜移默化地占据用户心智，从而提升其对品牌的信任感，影响其购买决策。例如，企业可以在活动发放的物料上附上二维码，将物料打造为新的流量入口。企业不仅要关注用户购买产品的决策流程，还要关注产品的使用过程，在其中增加触点，提前做好扩展销售、交叉销售的准备，让产品深入用户生活，成为其生活的必需品。

产品销售过程也是企业连接用户的过程，触点思维可以让企业深入了解用户，快速响应用户需求。企业树立触点思维，能够有温度、有深度地连接用户，从而更好地影响其购物决策。

8.1.2　策略革新：基于数据设计策略

在营销过程中，企业需要基于数据设计并优化营销策略。具体而言，企业需要做好五个方面的工作，如图 8.1 所示。

01 建立数据管理体系
02 数据分析与洞察
03 制定数据驱动的营销策略
04 实施与监控
05 持续优化

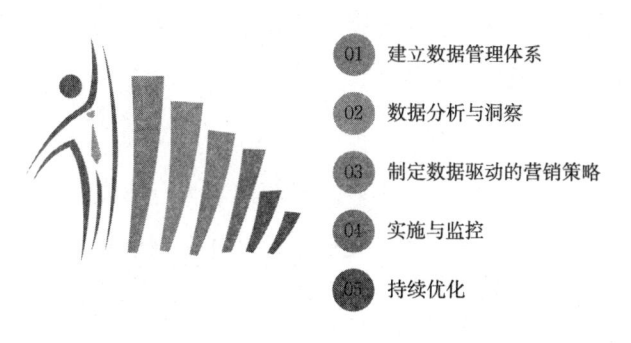

图 8.1　企业基于数据设计并优化营销策略的要点

1. 建立数据管理体系

在建立数据管理体系时，一方面，企业需要从多个渠道收集数据，包括销售数据、用户行为数据等内部数据，以及市场调研数据、竞争对手数据等外部数据；另一方面，企业需要构建数据平台，以实现统一的数据存储、整合与管理。

2. 数据分析与洞察

企业可以从三个方面入手进行数据分析与洞察。

（1）市场趋势分析。通过分析市场数据，了解市场需求、竞争态势和行业趋势，为制定营销策略提供指导。

（2）用户行为分析。利用数据分析工具和方法，深入挖掘用户行为数据，了解用户的购买习惯、偏好、忠诚度等。

（3）销售数据分析。分析销售数据，包括销售额、销售渠道等，评估销售效率和效果，发现销售过程中的问题。

3. 制定数据驱动的营销策略

数据驱动的营销策略可以细分为三种策略。

（1）个性化营销策略。基于用户数据分析结果，制定个性化的营销策略，如产品、优惠信息个性化推荐，以提高用户满意度。

（2）内容营销策略。根据数据分析结果，创作符合用户兴趣和需求的高质量内容，如发布短视频、在社交媒体输出产品测评等，提高内容的吸引力和传播效果。

（3）渠道优化策略。通过数据分析评估不同营销渠道的营销效果，优化渠道投放策略，提高营销效率。

4. 实施与监控

在营销活动推进过程中，企业需要利用数据分析工具实时监控营销活动的效果，如点击率、转化率等关键指标，并根据监控结果及时调整营销策略。

5. 持续优化

在营销策略持续优化方面，企业需要定期对营销活动进行评估和总结，收集用户反馈，了解营销策略的优缺点和改进空间。同时，企业需要关注大数据、AI等新技术的发展和应用趋势，积极探索新技术在营销中的应用场景，如利用AI算法进行智能推荐、利用大数据进行精准营销等。

基于以上措施，企业可以制定数据驱动的营销策略，完善营销体系，提高营销效率和效果。

8.2 为用户提供更加贴心的服务

基于数字化的营销推广，企业能够以全新的方式了解和触达用户。借助各种数字技术，企业能够打造个性化推荐系统、全新的营销场景，以及完善的售后服务体系，为用户提供贴心的服务。

8.2.1 更加注重个性化与用户需求

数字化时代，海量的数据为企业洞察用户需求提供了可能。越来越多的企业开始研究如何从体量庞大的数据中提取出有价值的信息，从而满足用户的需求，为用户提供个性化服务。对此，以数据为基础的个性化推荐系统出现。

个性化推荐系统是一种对用户历史行为进行分析，为用户量身定制推荐内容的系统。与搜索引擎不同，个性化推荐系统不需要用户描述明确的需求，而是通过分析用户的历史行为，主动推荐可能满足他们需求的内容。例如，用户在购物网站搜索女士服装，根据用户的浏览记录和购买记录，系统会自动为其推荐相关产品。

亚马逊搭建的个性化推荐系统十分具有代表性。亚马逊不仅从用户的购买记录中获得相关信息，还从用户的上网习惯、页面停留时间、购买决策时间、对商品的评价、使用优惠券等一系列行为中分析用户的行为动机和心理动机。

亚马逊通过对用户行为的分析，推出了贴心的个性化推荐服务。例如，当用户浏览了多款手机而没有购买时，亚马逊会在一定周期内，通过电子邮件将一款品牌、价位、类型与用户喜好契合的手机促销信息发送给用户。

在以用户为中心的目标的驱动下，企业十分注重倾听用户的心声，满足用户的需求。而个性化推荐系统可以在复杂的运营场景下，实现精准、高效的内容推荐，在满足用户个性化需求的同时助力企业业务增长。

8.2.2 打造虚拟营销场景，实现虚实互动

数字技术和虚拟技术的发展使得虚拟营销场景的打造成为现实。在

虚拟营销场景中，虚拟产品能够与虚拟场景相结合，支持用户互动，便于用户全面了解产品的外观、用途、价值等，带给用户更优质的购物体验。

天猫臻品馆是一个能够为用户提供创新的虚拟购物体验的3D展馆，实现了现代技术与高端零售的无缝结合。这个3D展馆利用先进的三维建模技术，为用户创建了一个沉浸式的虚拟空间，使得线上购物体验更加生动和直观。在这个虚拟展馆中，用户可以通过电脑或移动设备，像在实体店中购物一样浏览各种产品。

用户在这个3D空间中可以自由移动，查看精心布置的展品和详尽的产品信息。每个展品都配有高清图像和详细描述，用户能够深入了解每件商品的特点和优势。此外，天猫臻品馆支持用户互动，例如，用户点击产品即可查看更多细节，甚至有些展品还有虚拟试穿或试用的功能。

这种3D虚拟展览不仅优化了用户的购物体验，还展现了天猫在技术创新和数字零售方面所做出的探索，为其他企业探索场景营销提供参考。

总之，利用数字技术，企业能够在多个方面打开场景营销的新空间，包括创新的营销场景设计、提供沉浸式的用户体验，以及促进用户与产品之间的互动。这能够给用户带来更加独特和新奇的数字化体验，进而促进产品销售。

8.2.3 售后服务系统优化，提升购物体验

在服务用户的过程中，除了关注售前体验外，企业也需要关注用户的售后体验。为此，企业需要优化售后服务系统。具体而言，企业可以从四个方面入手，如图8.2所示。

引入数字化工具

优化服务流程

强化数据分析

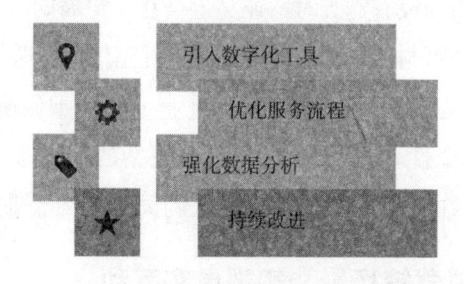

持续改进

图8.2 优化售后服务系统的方法

1. 引入数字化工具

企业可以在售后服务系统中引入各种数字化工具，如智能客服、CRM系统等。智能客服能够为用户提供全天候的服务支持，解决常见售后问题，为用户提供贴心服务。CRM系统能够记录用户信息、历史交互等内容，便于企业向用户提供个性化服务。同时，企业还可以对售后服务多环节进行智能化升级，实现工作流程自动化，提升售后服务效率。

2. 优化服务流程

在退换货、产品维修等方面，企业需要简化流程，减少用户等待时间，优化服务。同时，企业需要建立客服、销售、产品等多部门的协作机制，保证售后问题能够高效解决。

3. 强化数据分析

企业需要收集和分析售后数据，并据此制作用户满意度报告，为决策提供依据。同时，企业也需要对售后服务工作的进展进行监控，以随时了解问题的状态、员工的工作效率等。

4. 持续改进

对于优化后的售后服务系统，企业需要通过问卷、线上沟通等方式，收集用户反馈，以持续改进系统。同时，企业需要建立完善的投诉处理机制，确保所有投诉都能被记录、跟踪和解决，进而优化服务。

通过以上措施，企业可以构建一个高效、快速响应的售后服务体系，为用户提供更优质的服务。

8.3 营销数字化路径

实现营销数字化具有多条路径，如移动营销、链接营销等。同时，搭建数据平台，以数据平台实现精准营销也是一条可行路径。

8.3.1 利用好移动营销

移动营销指的是面向移动终端用户，在移动终端上向目标受众定向、精确地传递个性化的即时信息，通过与目标受众的信息互动实现营销。移动营销具有即时性、互动性、精准性等优势，受到了许多企业的青睐。在具体操作上，企业可以通过六个方面的布局实现移动营销。

1. 建立用户视图

用户可以通过各种渠道与企业交互，如果企业能够建立用户视图，就可以更好地了解用户的转化路径及实际需求，厘清渠道脉络。在将渠道信息与用户视图结合后，无论用户使用哪种渠道与企业产生连接，企业都可以为用户提供精准的个性化服务。

2. 自适应式设计

由于移动营销的内容要在各种移动设备上发布，为减少工作量，许多企业都会创建响应式站点，即将各个平台的页面按比例调整，实现内容与用户使用的移动设备完美匹配。这种自适应式设计可以自动根据屏幕大小调整内容页面，为用户提供最佳阅读体验。

3. 预测行业走势

科技的发展加快了移动设备及平台的迭代速度，每一项技术革新都可能对企业的发展产生深远的影响。这就要求企业关注行业热点，预测行业走势，及时在平台中添加新设备或其他变量，始终走在行业前沿。

4. 简化工作流程

移动营销强调企业以简洁、高效的方式处理问题，降低工作的复杂性。企业不应为每个具体问题或特定移动设备单独制定解决方案，而应系统性地梳理问题，或先为某种设备制定完善、体系化的解决方案，然后将其灵活迁移于其他设备。这种方法不仅简化了工作流程，还显著提升了用户的体验。

5. 评估营销效果

每次进行移动营销后，企业都要根据链接的点击情况、用户的互动情况、产品的销售情况等对营销效果进行评估。这可以帮助企业了解用户的实际需求及关注点，从而在后续营销中为用户提供更有针对性的服务。

6. 提升用户体验

优质的用户体验是提升用户对品牌的好感度和忠诚度的关键。企业应充分发挥用户视图及用户数据分析结果的价值，针对用户的使用习惯、需求及偏好，进一步提升其使用体验。例如，根据用户偏好定制个性化营销内容；优化导航和搜索功能，减少用户操作步骤；设置一键支付功能，简化购买流程，引导用户完成消费。

以上几个方面可以帮助企业深入洞察用户需求，根据用户使用产品的场景为其提供针对性更强的营销内容。同时，通过深入挖掘用户行为的深层含义，企业可以把握更多商机，实现更高的营销目标。

8.3.2 突破传统营销，进行链接营销

链接营销是一种高效的数字营销方式。通过多方面的链接，企业可以拓展营销范围，提升营销效果。企业可以从三个方面出发布局链接营销，如图 8.3 所示。

- 技术手段链接
- 内容手段链接
- 社群手段链接

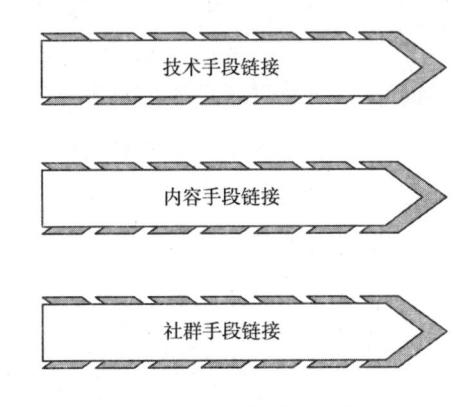

图 8.3　企业布局链接营销

1. 技术手段链接

技术手段链接是指企业搭建一个平台，企业与用户在线上就可以互动。用户可以通过这个平台深入了解企业，企业的营销效率得以提高。

例如，某企业借助大数据、AI 等技术打造了一个服务平台，与用户实现了更紧密的连接，进一步推动了服务转型。该服务平台由用户、前台、后台三部分组成。

其中，用户部分包括触点和用户行为，是用户的体验节点。企业要清晰地罗列出用户在什么节点下做出什么行为，这样才能更好地服务用户。前台是与用户产生互动的具体环节，包括数字设备、员工行为等，用户可以享受具体的服务。后台负责给前台提供技术方案支持。

企业的资源是有限的，几乎不可能在每一个节点都给用户提供完美的消费体验。因此，企业需要借助服务平台配置资源来提供更好的服务，进一步优化用户的峰值和终值体验。

2. 内容手段链接

内容手段链接通常是指企业通过抖音、快手、小红书、知乎、微博、微信公众号等平台向用户传播营销内容，吸引更多用户关注企业，强化企业与用户之间的连接。

例如，知乎等知识型平台的用户大多是拥有较高文化素养和求知欲的年轻人，企业可以针对此特点，深挖年轻人感兴趣的话题，着重宣传企业的核心理念，从情感、价值观等方面激起用户的共鸣，用内容征服用户。

3. 社群手段链接

社群手段链接是互联网发展背景下催生的一种新型链接方式。通过直接将用户引入社交软件的社群，企业不仅极大地提高了与用户之间的沟通效率，还能在用户提出问题时迅速响应。相较于传统的店铺销售的方式，社群链接大幅提升了产品销售效率。

为了有效管理社群，企业需要关注以下几个关键要素：

（1）载体。企业要根据自身情况选择合适的载体，如朋友圈、微信群、社区、论坛、会员体系、俱乐部等。借助这些载体，企业能够与用户建立更为紧密的连接，使社群发挥最大价值。

（2）价值。在社群价值构建上，企业可以通过分享专业知识或提供资源与用户建立连接。同时，情感化营销同样重要，可以通过情感纽带将用户紧密地团结在一起。

（3）内容。在内容运营方面，企业可以发布与新闻热点相关的内容，为社群引流。此外，发布媒体内容和广告也是推广产品的有效手段。除了企业自身打造的专业性社群内容，企业还应鼓励社群成员积极参与内容创作与分享，以丰富社群内容，激发社群活力，促进成员间的互动。

综上所述，企业需要巧妙地将这三种链接方式融合，以实现最佳的链接效果，推动链接营销的创新发展。

8.3.3 海尔：以平台助力精准营销

在营销方面，海尔基于技术优势，打造了社交化用户关系管理（social customer relationship management，SCRM）会员大数据平台。该平台能够广泛收集用户数据，为企业的精准营销提供助力。

SCRM会员大数据平台拥有大量的用户数据和用户标签，以及丰富的数据模型。基于SCRM会员大数据平台，海尔不断探索移动互联网时代的大数据精准交互营销，并顺势推出"梦享＋"社交化会员互动品牌。

海尔提出了"无交互不海尔，无数据不营销"的理念。SCRM会员大数据平台的交互营销活动主要有四项内容。

1. 数据的核心是用户

SCRM会员大数据平台打通多类数据，深入分析用户，了解用户的需求和喜好，并据此设计和生产产品。

"梦享＋"会员俱乐部是海尔的上层会员平台，可以产生很多数据，这些数据被存储在SCRM会员大数据平台上。对海尔来说，除了会员数据外，产品销售、售后服务、官方网站以及社交媒体等方面的数据也非常重要。

SCRM会员大数据平台存储了海量用户数据，海尔对这些用户数据进行了清洗、融合和识别。利用数据挖掘技术，海尔可以预测用户什么时候需要购买家电，从而进行精准营销。同时，海尔还可以了解到哪些用户比较活跃，重点满足他们的需求，实现交互创新。

2. 数据采集的核心是连接

数据不等于有价值的信息，只有连接之后，二者才可以实现转化。海尔以用户数据为核心，全流程连接运营数据、社交行为数据、网络交互数据。通过这样的连接，海尔对分散在不同系统中的数据进行融合和清洗，最终识别每个用户，获得用户的姓名、电话、年龄、住址、邮箱、所需产品等信息。

3. 数据挖掘的核心是预测

数据挖掘的核心是预测，即预测用户接下来会有什么行为、有什么需求，或者对已有的产品、方案有什么更新需求。通过数据融合、用户识别，海尔生成数据标签，建立了数据模型，用量化分值定义用户潜在需求的高低。

4. 数据应用的核心是场景

数据应用的场景分为线上场景和线下场景两种。线上场景包括网上浏览、电商购物、线上社交等；线下场景有居家生活、实体店购物、电话交流等。无论用户出现在哪一个场景中，海尔都需要满足用户真正的需求。

海尔的 SCRM 会员大数据平台应用逐渐走向产品化、常态化。在这一平台的支持下，海尔能够全面地了解用户需要、受欢迎的产品特征、用户兴趣分布以及可参与交互的活跃用户等信息，并据此进行有针对性的产品设计与营销。

第 9 章

数字创意输出：以数字技术打造内容

数字创意作为内容创作与科技创新深度融合的产物，正在重塑内容创作、内容传播与内容消费的模式。其以数字技术为核心驱动力，通过数据处理、算法优化、丰富的多媒体表现形式等，给用户带来超越传统媒介边界的丰富内容体验。

9.1 数字创意输出核心要素与覆盖领域

在知识、技术、创意的紧密结合下，数字创意输出能够生成丰富、个性化的数字内容。在数字化发展趋势下，数字创意输出覆盖多个领域，能够从多方面提升企业竞争力和影响力。

9.1.1 三大要素：知识、技术与创意

数字创意输出融合了知识、技术、创意三大要素，能够通过三者的结合，创造出具有创新性的数字内容。

1. 知识是数字创意输出的保障

数字创意输出依托的知识包括但不限于专业知识、行业知识、市场知识等。通过不断学习这些知识，企业能够更好地理解目标受众的需求和喜好，创作出更符合市场需求和受众喜好的内容。

2. 技术是数字创意输出的基石

数字创意输出离不开先进的数字技术的支持。这些技术包括但不限于

AI、大数据、AR、VR等，为创意内容的创作、编辑、发布和推广提供了强大的工具和平台。

随着技术不断进步，新的数字工具和平台不断涌现，为数字创意输出带来了更多的可能性。例如，AI可以自动生成图像、视频、文本等内容，提高创作效率；AR和VR技术能够为用户提供沉浸式体验，使创意内容更加生动、直观。

3. 创意是数字创意输出的核心

在技术的支撑下，创意得以更加自由地释放，更多个性化、具有吸引力的内容出现。企业需要不断挖掘新的创意点，结合目标受众的需求和喜好，将技术与创意巧妙地融合在一起，形成具有差异化竞争优势的创意作品。

数字创意输出的创意来源广泛，可以来自艺术、文化、科技、生活等多个领域。企业需要具备跨领域的视野，以便能够将这些不同领域的元素融合在一起，创造出具有创新性的内容。

9.1.2 覆盖数字设计、媒体输出多领域

数字创意输出的覆盖范围广泛，在数字设计、媒体输出等多个领域展现出强大的创新力。

1. 数字设计领域的数字创意输出

在数字设计领域，数字创意输出体现在三个方面，如图9.1所示。

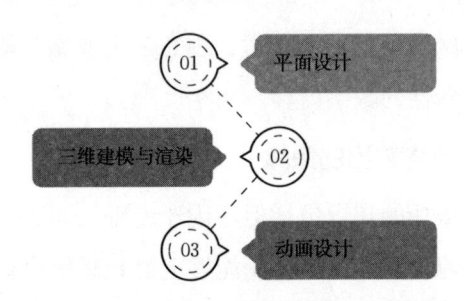

图9.1 数字创意输出在数字设计领域的体现

（1）平面设计。平面设计是数字设计的基础，通过数字工具进行图形、文字、色彩等元素的组合与排版，创造出具有视觉冲击力的平

面作品。平面设计中的创意广告、创意海报等，都属于数字创意输出的范畴。

(2) 三维建模与渲染。三维建模通过构建三维空间中的物体和场景，为数字创意输出提供了丰富的视觉元素。渲染则是将三维模型转化为逼真的图像或动画的过程，通过光影、材质等效果的模拟，使三维作品更加生动、真实。影视特效、游戏开发等领域的三维建模与渲染同样属于数字创意输出的范畴。

(3) 动画设计。动画设计是数字创意输出的重要表现形式，通过连续播放图像产生动态效果，实现创意内容的动态表达。在广告、影视、游戏等领域，动画设计被广泛应用于角色塑造、场景展示、特效制作等方面。

2. 媒体输出领域的数字创意输出

在媒体输出领域，数字创意输出体现在三个方面。

(1) 广告营销。数字创意输出在广告行业的应用十分广泛，覆盖数字广告设计、互动营销、内容营销等。通过大数据分析和精准投放，数字创意内容能够更有效地触达目标受众，提升广告效果。

(2) 数字出版与电子书。随着电子阅读器的普及和在线阅读平台的兴起，数字出版和电子书成为数字创意输出的新阵地。通过精美的排版设计、互动元素和多媒体内容的融入，电子书能够为读者提供更加丰富的阅读体验。

(3) 社交媒体内容输出。社交媒体平台为数字创意提供了广阔的展示空间。用户可以通过发布视频、直播等形式，展现自己的创意。同时，社交媒体平台也成为企业与用户互动、传播创意营销内容的重要渠道。

总之，数字创意输出在多个领域展现出创新力。随着技术的发展，数字创意输出的应用范围将进一步扩大，为企业发展提供更多助力。

9.2 三大数字技术驱动创意输出

AI、AR 与 VR 等虚拟技术以及虚拟数字人技术是驱动创意输出的三大核心技术。在这些技术的帮助下，企业能够推动营销内容创新，优化用户体验，深化数字化转型。

9.2.1 AI：AI 生成创意文案和视频

AI 在创意内容输出方面具有巨大的潜力和应用价值。当前，在创意文案生成、创意视频生成等方面，AI 已经实现了应用。

1. AI 生成创意文案

借助自然语言处理技术，AI 能够理解和生成人类语言。基于大量的文本数据，AI 能够学习不同风格、不同主题、不同语境的文案，进而创作出符合特定要求的文案内容。同时，AI 能够分析文本中的情感倾向，根据企业或产品的定位，生成具有特定情感色彩的文案，如温馨文案、励志文案等。此外，结合用户画像和数据分析，AI 能够生成个性化的文案，满足不同用户群体的需求和偏好。

借助机器学习技术，AI 能够识别文本中的模式和规律，从而生成新的文案内容。这种能力使得 AI 能够创作出既符合逻辑又富有创意的文案。此外，AI 在生成文案的过程中会不断学习和优化，通过反馈机制调整生成策略，提高文案的创意性。

例如，在亚马逊、淘宝等电商平台，AI 能够根据用户的购物历史、浏览行为、兴趣偏好等，生成个性化的商品推荐文案。这些文案包含了商品的基本信息，同时融入了用户的兴趣和需求，提高了商品的点击率和转化率。

2. AI 生成创意视频

在创意视频生成方面，AI 能够借助计算机视觉技术自动分析视频素材，进行剪辑、拼接和特效处理。在识别视频中的关键帧、人物、场景等元素的基础上，AI能够智能地组合这些元素，生成具有创意的视频内容。

基于深度学习模型，AI能够生成全新的视频内容。深度学习模型通过学习大量视频数据中的特征和规律，模拟视频中的运动、光影、色彩等要素，从而生成逼真的视频场景。

此外，AI还能够根据既定的主题或故事情节，自动生成视频内容。通过理解文本描述或语音指令，AI能够将其转化为视频，实现创意的可视化呈现。

例如，可口可乐曾在名为 Master piece 的创意广告中融入 AI 技术，让诸多世界名画活灵活现地展现在观众面前。在广告中，一瓶可乐穿越《呐喊》《戴珍珠耳环的女孩》等世界名画，可乐瓶的材质随着绘画风格的转换而转换，同时搭配十分有创意的场景，整个广告冲击力十足。

随着企业对 AI 探索的加深，AI 将生成更多样的创意内容，为企业进行创意内容输出和营销提供助力。

9.2.2　AR＋VR：实现用户与虚拟内容的交互

AR 和 VR 都是虚拟技术，它们的广泛应用，推动了数字创意输出的创新与变革。在虚拟场景打造、用户沉浸式交互等方面，AR 与 VR 均展现出巨大的潜力。

AR 技术能够将计算机生成的图像、声音等虚拟信息，叠加到现实世界的真实场景中，创造出一种虚实结合的沉浸式体验。VR 技术能够通过模拟环境，并借助传感设备，让用户获得身临其境的感受。

AR 与 VR 都能实现虚拟场景打造。用户不仅能够在虚拟环境中自由探索，还能在现实世界中与虚拟元素进行互动，这种混合体验极大地丰富了创意输出的形式和内容。借助 AR 与 VR 技术，企业能够实现创新性的创意内容输出，以创意营销加深与用户的连接。

例如，奥迪汽车借助 VR 体验吸引更多用户。其在多个购物中心设置了 VR 体验区，为用户提供沉浸式的试驾体验。用户佩戴上 VR 头戴式显示器，就能进入一个逼真的虚拟环境中，体验驾驶奥迪新款汽车的感觉。除了真实的视觉效果外，VR 体验还实现了声音、振动等多方面的感官刺激,以增强真实感。此外,用户还能够体验多个场景和路线的驾驶环境,全面感受奥迪汽车的性能。这种沉浸式的互动营销大大提升了用户体验。

总之,AR 与 VR 技术为数字创意输出开辟了新的空间。企业可以根据自己的需求自由创造虚拟场景,展现创意,以更具吸引力的内容吸引用户关注。

9.2.3 虚拟数字人:赋能企业直播与品牌运营

在数字化趋势下,虚拟数字人逐渐深入企业数字化转型中,在企业直播与品牌运营中发挥着重要作用。

在企业直播中,借助精细的建模和渲染技术,虚拟数字人能够呈现出高度逼真的形象和流畅的动作,为观众带来高质量的直播体验。同时,与真人主播相比,虚拟数字人不受时间和空间的限制,能够全天候直播,提高直播效果和覆盖率。此外,在 AI 的支持下,虚拟数字人能够实时回答观众的问题,与观众互动交流,提高观众的参与度和黏性。

在品牌运营中,虚拟数字人能够作为企业的个性化 IP,为品牌代言,提升品牌的识别度。同时,虚拟数字人在与用户互动的过程中,能够潜移默化地传递品牌理念,与用户建立情感连接。此外,虚拟数字人能够融入各类营销活动中,以多样化的形式展示品牌和产品。

基于以上优势,不少企业开始布局虚拟数字人,借助虚拟数字人进行数字创意输出,进而在竞争中脱颖而出。

例如,在 2024 年"年货节"期间,京东国际进口美妆自营免税店开启一场小年福利专场直播。此次直播的主角是虚拟主播"薇薇"。在直播中,"薇薇"用流畅的语言对热卖化妆品进行了专业讲解,获得了许多观众的关注,成交转化率很高。NARS、植村秀、纪梵希等多品牌的美妆产品登上热销榜。

再如,安全智能生活品牌萤石打造了虚拟数字人"星石",并将其作为品牌代言人。同时,"星石"也是智能家居领域的首位虚拟技术官。"星石"被设定为来自未来的虚拟数字人,拥有精密的身体骨骼组件和超强的自学习能力,能够通过瞳孔收集数据,分析环境,与智能家居设备协同运转。

作为虚拟代言人,"星石"不仅在各类广告、宣传片中亮相,还通过社交媒体等渠道与用户互动,在实现创意输出的同时传递了萤石智能家居的便捷、智能和舒适等特点。"星石"为品牌的数字化营销提供了更多机会和可能性,能够加速企业的数字化转型,推动品牌升级。

总之,虚拟数字人已经成为企业数字创意输出的重要工具。随着技术的发展和应用场景的拓展,虚拟数字人将在企业发展中发挥更重要的作用。

9.3 企业探索:打造数字创意输出方案

在数字创意输出方面,不少企业已经进行了探索,打造了个性化的解决方案。这些企业积极探索数字技术、创新理念在内容输出中的应用,以提升创意内容生产效率,提高自身的市场影响力。

9.3.1 服装企业:以数字创意输出优化运营

借助数字技术和创意手段,服装企业能够进行多方面的数字创意输出,进而提升运营效率和品牌影响力。

企业需要深入了解市场需求和偏好,以确定数字创意输出的方向。同时,企业需要借助先进的数字技术进行数字创意输出,如借助 AI 生成营销内容、借助 3D 虚拟试衣技术让消费者在家中便可体验不同款式的服装等。此外,与其他企业进行合作营销、借助社交媒体进行营销等,也是数字创意输出的重要途径。

在数字创意输出方面,安踏进行了多方面的实践。安踏携手百度数字人"希加加"打造了虚拟舞台"时尚元宇宙"。在这个舞台上,多位数字人身着安踏极具设计感的服装,出现在运动场、雪地、太空等多个场景中,为观众带来了一场视觉盛宴。这一创意内容的输出不仅展示了安踏对前沿技术的应用,也提升了品牌形象。

在社交媒体营销方面，安踏以中秋节为契机，利用 AI 生成具有浓郁传统文化氛围的不同运动场景的海报，并以九宫格的形式展示。这些创意海报不仅展现了安踏对传统文化的尊重，也以创新的内容提升了品牌在社交媒体上的曝光度。

安踏在数字创意输出方面的多样化实践充分展示了其强大的创新能力。这些努力不仅为安踏赢得了更多消费者的喜爱和信任，也为其在激烈的市场竞争中保持领先地位奠定了坚实的基础。

9.3.2 电商企业：丰富营销内容创意生成

为了吸引用户的注意力，提升销售额，电商企业可以进行数字创意输出，持续丰富营销内容。一方面，电商企业可以通过创意文案、创意图片等展示产品、讲述产品故事；另一方面，电商企业可以设计创意短视频、别出心裁的直播带货活动等，提升内容的创新性与互动性。此外，电商企业还可以借助 AR、VR 等先进技术，推出 AR 试妆、VR 购物等，提升用户购物体验。

在数字创意输出方面，淘宝采取了多种策略，不仅为商家营销提供了便利，也能更好地吸引并留住用户。

1. 淘宝支持多样化的内容形式

（1）图文结合。淘宝以图文结合的形式直观展示产品特点，帮助用户快速了解产品。在淘宝头条、必买清单等栏目中，淘宝精心设计图文内容，以吸引用户。

（2）短视频营销。短视频是创意输出的重要形式。淘宝通过微淘、有好货等渠道，推广优质短视频内容，实现场景化营销。

（3）直播营销。淘宝直播为商家直播营销提供了渠道。除了真人主播外，淘宝还支持商家以虚拟主播进行直播。这为商家打造创意直播内容提供了助力。

2. 淘宝提供多样的个性化内容

淘宝智能推荐系统能够根据用户的浏览历史、购物偏好等向其推荐个性化的内容。推荐策略会根据用户的实时反馈和行为数据进行动态调整，确保推荐的准确性和时效性。

商家可以在店铺页面中设置智能推荐模块，展示用户可能感兴趣的商品。这样能够增加用户在店铺的停留时间，提高转化率。

此外，淘宝还上线了 AI 导购功能。AI 导购能够根据用户的问题和需求，提供个性化的商品推荐和购买建议。这不仅提升了用户的购物体验，也提升了店铺的曝光率和销售额。

综上所述，淘宝在创意营销、互动营销等方面不断创新，输出了丰富、个性化的营销内容。这有助于淘宝电商生态的持续发展和市场影响力的持续提升。

9.3.3 京东：虚拟主播打造直播新方案

京东在虚拟主播方面持续探索，推出了创新性的直播方案。2024 年 4 月，由京东云言犀打造的"采销东哥"AI 数字人亮相京东家电家居、超市采销等直播间，吸引了大量观众。

"采销东哥"AI 数字人以京东创始人刘强东为原型进行设计。在行为上，"采销东哥"AI 数字人也还原了刘强东的表情、动作、音色等，让人大为惊叹。这一探索不仅展示了京东在 AI 技术方面的深厚积累，也体现了电商直播领域的创新趋势。

"采销东哥"AI 数字人采用了京东云言犀研发的 AI 驱动大姿态数字人技术。该技术能够模拟真实人物的行为和表情，实现高度仿真的直播带货体验。具体而言，该技术能够实现以下功能：

（1）唇形驱动。通过 AI 训练，实现与真人无异的唇形、动作等，提升直播的真实感。

（2）声音克隆。克隆出与原型本人音色、发音风格一致的声音，实现声音的高度还原。

（3）智能互动。智能学习产品讲解内容，快速响应观众提问，提供准确的解答。

在京东超市采销直播间的直播首秀中，基于"采销东哥"AI 数字人的吸引力和专业业务能力，直播间观看人数在开播 40 分钟内就突破 1 300

万，突破历史峰值。"采销东哥"AI数字人讲解的10余款商品，订单量大幅增长。

京东对虚拟主播的探索展示了AI技术在电商直播领域的巨大潜力。借助虚拟主播，京实现了低成本、高效率的直播带货模式。这不仅实现了直播内容的创意输出，也为观众带来了个性化、高效的购物体验，有助于提升企业的盈利能力。京东在虚拟主播方面的探索也为其他电商企业提供了可借鉴的成功经验，电商企业可以结合自身实际情况，探索合适的虚拟主播方案。

第 10 章

生产制造：数字化实现降本增效

在当今的商业环境中，生产制造数字化已成为提升生产效率和产品质量以及降低生产成本的重要手段。生产制造数字化不仅通过技术革新实现了生产流程的高效运转，还显著加速了产品的创新与快速迭代，为企业在激烈的市场竞争中赢得了先机。当前，众多企业正积极投身于数字化浪潮，不断探索和实践新的生产模式与管理方法，持续推进生产制造数字化转型。

10.1 聚焦用户需求，让生产更加精准

在数字化时代，用户需求已成为驱动生产变革的关键因素。实现精准化生产，根据用户的实际需求进行定制化、个性化的产品设计与生产，已成为生产现代化发展的重要趋势。为此，企业需要充分利用数据分析工具，深入挖掘用户需求及其变化趋势，为产品的设计与生产提供有力支持。

10.1.1 挖掘用户数据，了解用户需求

用户的需求日益多元化，为了把握用户需求，进行有针对性的生产，企业需要深入分析用户数据。具体而言，企业需要做好两个方面的数据分析。

1. **了解用户"缺什么"**

企业需要了解用户缺少什么，据此分析用户的需求。在数字技术、数

字平台飞速发展的现在,用户的任何行为,包括购买了什么产品、在哪里购买的产品,甚至产品的原材料来自哪里,都有可能在产品研发过程中起到关键作用。

全球知名食品品牌卡夫通过数据分析工具抓取了海量社交网站的帖子,以及数十万条论坛讨论的内容,总结出用户购买食品的三个关注点:健康、素食主义、安全。卡夫还发现孕妇对叶酸有着特殊需求,因此调整了食品配方,加入了很多健康元素,研发出适合孕妇的食品,顺利打开了孕妇市场,销售额大幅增加。

企业需要做的是站在用户的角度发现问题,用心倾听用户内心的声音并分析其核心需求,解决用户痛点。这样生产出来的产品对用户是有价值的,能够给用户带来惊喜,让用户感到满意。

2. 弄清楚用户"想什么"

企业所做的各种预测,包括需求预测、用户满意度预测等都建立在数据统计与分析的基础上。借助数据,企业可以洞察用户需求,了解用户的想法,据此研发和改善产品。

企业要想研发出受用户欢迎的产品,非常重要的一点是同理心,即明确用户面临什么问题、挑战,或者想要抓住什么机会。基于此,企业可以捕捉到一些研发创意,不断优化产品。

企业还可以借助数据绘制价格与销量分析图,以弱化价格的被动性。假设某类产品在价格为25~30元时销量最好,而在当前市场上,处于这一价格区间的产品的功能和用途基本相似。那么企业就可以结合用户的需求,突出产品的差异性,从而使产品在此价格区间中脱颖而出。

综上所述,企业应该做的是从用户的角度发现问题,分析用户的核心需求,帮助用户解决痛点,从而了解什么样的产品能吸引用户注意,以及什么样的功能可以让产品快速推向市场并实现盈利。这些都可以在数据的基础上通过市场情况反推出来。

10.1.2 华为:以数据指导产品设计

为了让产品贴合用户的需求,很多企业在产品设计之初都会进行广泛的数据收集与深入的数据分析，以了解市场趋势、用户需求等。在这方面，华为做得很不错。

在产品设计研发阶段，华为不仅使用传统的市场研究方法进行用户调研，还积极融入最新的数据分析技术和用户参与机制，以确保产品能精准地满足用户需求。

华为进行广泛而深入的市场研究，包括竞争对手分析、市场趋势追踪和用户行为研究。这些研究帮助华为理解不同市场和目标群体的特定需求，以及他们对新技术和新功能的接受度。此外，通过大数据分析，华为能够从海量数据中提炼出有价值的数据，以更好地了解用户，如用户对相机质量、电池寿命或操作系统的具体偏好。

华为还重视直接从用户那里收集反馈。通过社交媒体、专门的用户论坛和在线调研，华为积极听取用户的意见和建议。这些反馈通常会直接影响产品设计，如界面的用户友好度、功能的实用性以及手机的外观设计等。

此外，华为还让用户参与到产品研发中。在某些项目中，华为会邀请用户参与早期产品的测试和评估，确保产品在上市前就已经充分考虑了用户的实际需求和体验感。

通过这些方法，华为能够在产品研发阶段就准确地把握并响应用户需求，从而设计出既具有创新性又符合市场发展趋势的产品。这种以用户为中心的研发策略，是华为能够在全球市场上保持领先地位的关键原因之一。

10.2 多样的数字化生产模式

数字技术与生产的结合催生了多样的生产模式，如敏捷灵活的柔性生产、虚实联动的生产等。这些创新的生产模式有效提升了企业的生产效率和质量，推动了企业的可持续发展。

10.2.1 敏捷灵活的柔性生产

市场环境越来越复杂多变,给企业生产带来了很大的压力。而柔性生产能够灵活调整生产计划、优化资源配置,及时响应市场变化与需求,实现高效生产。

1. 柔性生产的优势

柔性生产具有四大优势,如图10.1所示。

图 10.1 柔性生产的优势

（1）快速响应市场需求。柔性生产使企业能够根据市场需求的变化,快速调整生产计划,缩短产品生产周期,提高市场响应速度。例如,通过产品模块化设计、柔性生产线等,企业可以快速推出新产品、进行产品升级,满足用户的多样化需求。

（2）降低生产成本。柔性生产能够优化生产流程和资源配置,减少生产过程中的资源浪费,提高生产效率,降低生产成本。例如,智能化系统能够实时监测设备的工作状态,提前预警故障,减少停机时间并降低设备维修成本。

（3）提升产品质量。自动化检测和数据分析设备与系统能够实现产品质量的全程管控。在实时监测下,企业能够及时发现质量问题并做出相应调整,保证产品质量的稳定性。

（4）提高用户满意度。柔性生产能够满足用户对产品的个性化需求,提供定制化产品和服务。这种以用户为导向的生产方式能够提升用户的满意度和忠诚度,增强企业的市场竞争力。

2. 柔性生产的重点

在探索柔性生产方面,企业可以聚焦以下几点:

(1)模块化设计。将产品分解为若干个模块,通过模块的不同组合实现产品迭代和升级。这有助于企业提高生产效率,快速响应市场需求。

(2)数字化生产和管理。利用物联网、大数据、AI等技术手段,实现数字化生产以及对生产过程的数字化管理。基于对各种生产数据的分析,企业能够准确了解生产情况,及时调整生产计划。

(3)柔性生产线。建设灵活、智能的生产线,使生产线能够根据不同产品的生产工艺要求,快速调整资源配置与工艺流程,实现高效生产。

随着技术的发展,柔性生产将在未来变得更加智能,在提升生产灵活性的同时进一步满足用户的个性化需求,提升企业在智能制造方面的竞争力。

10.2.2 虚实联动的生产模式

借助数字孪生、数字仿真等技术,企业能够将生产迁移到虚拟场景中,进行生产方案的设计与预测,并以此指导现实中的生产。这种虚实联动的生产模式能够降低企业的生产成本,提高生产效率。

当前,已经有一些企业在虚实联动的生产制造方面做出了尝试。例如,北京四度科技有限公司(以下简称"四度科技")是一家综合性科技公司,为了提升生产效率,其推出了数字化工厂综合管理虚拟现实系统。

数字化工厂综合管理虚拟现实系统利用虚拟现实技术,以生产要素为基础,对工厂的产品设计、生产设备、生产流程、工厂管理四个部分进行数字化改造,并将其整合成综合管理系统,使企业能够对整个生产过程进行科学规划和监管,从而降低生产管理成本并保障产品顺利生产。

1. 产品设计

四度科技的技术团队根据不同产品进行仿真模拟,建立了基本模型库,方便产品设计师调用。另外,技术团队还在系统中加入了经验公式模板、防错机制等,在提升设计效率的同时,还能最大限度地避免产品缺陷,使新员工也能具备资深设计师的能力。产品设计虚拟现实系统将设计过程数字化，缩短了产品开发周期，提高了产品设计效率。

2. 生产设备

技术团队利用三维仿真技术为工厂内所有生产设备搭建仿真模型，并把每一种设备模型与信息库相连接，开发出生产设备虚拟现实系统。工厂的工人既可以在系统中学习设备的基础知识，又可以进行实际操作练习。

当工人调出需要学习、熟悉的设备后，可以对模型进行全方位查看，并利用人机交互技术，对模型进行组合、拆卸或缩放，具体到对某一个零件进行学习。生产设备虚拟现实系统实现了生产设备数字化、自动化、精密化，可以提高工人对设备的学习效率并降低设备管理难度。

3. 生产流程

技术团队构建的虚拟工厂可以让工厂管理人员在工厂里面漫游，工厂管理人员只需操控 VR 手柄，就可以完成对工厂内部设备的规划布局、搭建生产流水线、安排生产流程等工作。

在虚拟工厂中搭建好流水线后，工厂管理人员还可以模拟生产设备的运作过程，提前获得生产线运行信息，从而实现科学评测生产流程设计方案，及时调整布局，避免流水线搭建错误造成损失。

4. 工厂管理

工厂管理虚拟现实系统通过模拟工厂生产设备的工作过程，实现了在虚拟场景中对生产过程的实时监控。该系统可以使流水线上生产设备的工作状态可视化，工厂管理人员可以实时查看设备的温度、状态等参数，掌握生产情况。除此之外，该系统具备设备故障报警机制，工厂管理人员能第一时间准确定位故障设备，并及时修理或更换，使生产工作不会中断。

如今，制造业面临生产成本高、环保标准高、竞争压力大等挑战，进行生产数字化、智能化转型是大势所趋。企业可以自行研发或引入虚拟制造系统，实现降本增效，加快数字化转型步伐。

10.2.3 小米汽车工厂：绿色生产新模式

如今，越来越多的企业意识到环境保护和可持续发展的重要性，开始使用清洁能源，打造绿色生产线，在提升自身竞争力的同时实现可持续发展。在这方面，小米公司做出了成功探索。

自进军新能源汽车领域以来，小米公司迅速成为新能源汽车制造领域的一匹黑马，引发了广泛关注。在汽车制造方面，小米公司打造了小米汽车工厂，探索绿色生产模式，实现了智能化发展。

小米汽车工厂集研发、生产、销售、体验于一体，内部有研发试验基地和新能源汽车生产车间。

在绿色生产方面，小米汽车工厂实现了涂装车间的绿色创新。其在涂装过程中大量使用水性环保涂料，挥发性有机化合物（volatile organic compounds，VOCs）含量远低于传统油性涂料，有效减少了有害气体排放。在汽车空腔注蜡环节，工厂使用 VOCs 含量更低的高固体分蜡。

在水资源管理方面，小米汽车工厂采用更加环保的废水污染预防技术，大幅减少了废水量，提高了废水处理效率。同时，工厂不仅关注生产废水的处理，还将生活废水与生产废水一起纳入污水站处理，使得厂区废水循环回厂用水比例大大提高。

在清洁能源使用方面，小米汽车工厂在屋顶布局了广范围的分布式光伏电站。光伏发电有效减少了工厂的能源消耗和碳排放。

小米汽车工厂引入了多样化的智能制造技术，实现了自动化运作。其在不同车间引入了种类多样的机器人，实现了大压铸、车身连接、车身装配等环节的全自动化。这不仅提高了生产效率，也保证了生产的一致性和稳定性。此外，小米汽车工厂配备了大量高精度自动化检测设备，对各种生产工序进行实时检测。这提高了质检的效率和准确率，为汽车的高质量交付提供了保障。

小米汽车工厂的绿色生产模式和智能化创新引领了生产制造的新趋势。这促使其他汽车制造企业审视自己的发展策略，加大在技术研发、绿色制造等方面的探索。这有利于驱动汽车制造行业的绿色可持续发展。

10.3 生产管理数字化变革

数字化生产离不开数字化管理。作为数字化生产中不可或缺的一环，数字化管理为数字化生产的顺利进行提供了有力支撑。数字化管理能够通过多样的管理方法，优化资源配置，提升生产效能，实现降本增效。

10.3.1 数字化平台助力生产管理数字化

在数字化变革浪潮中，搭建数字化平台成为企业优化生产管理的重要手段。数字化平台不仅能够实现生产流程标准化、智能化，还能为企业决策提供数据支持，助推企业实现可持续发展。具体而言，数字化平台能够从五个方面助力生产管理数字化，如图10.2所示。

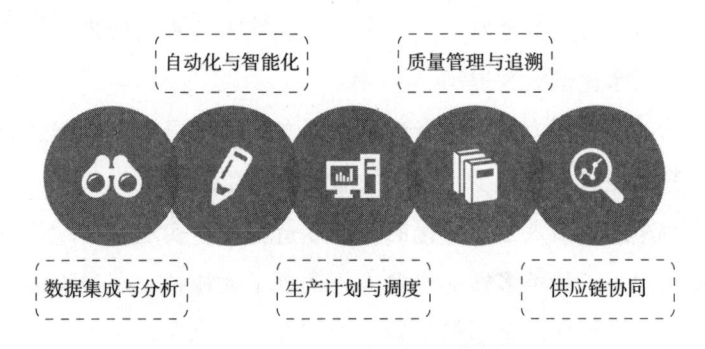

图 10.2 数字化平台助力生产管理数字化

1. 数据集成与分析

数字化平台能够集成生产各环节的数据，如物料库存、生产进度、质量检测结果等数据，形成全面的生产视图。借助数据分析工具对这些数据进行分析，企业可以监控生产状况，识别潜在问题，做出科学的生产决策。

2. 自动化与智能化

数字化平台支持自动化设备和智能系统的集成，如自动化生产线、物联网传感器等，实现生产过程的自动化控制和智能调度。这能够减少人工干预,提高生产效率和准确性。

3. 生产计划与调度

数字化平台具备生产计划与调度功能,能够根据市场需求、资源状况、生产能力等制订科学的生产计划,并根据环境变化对生产计划做出调整。这有助于减少生产延误和浪费,提高资源利用率。

4. 质量管理与追溯

数字化平台支持全面的质量管理,具备质量检测、不良品处理、质量追溯等功能。借助数字化平台对生产质量的监控,企业能够及时发现并解决质量问题。

5. 供应链协同

数字化平台能够促进上下游企业间的信息共享和协同作业。借助数字化平台,企业能够实时了解供应商库存、物流状态等信息,优化采购与生产计划,降低库存成本。

此外,数字化平台也为产品创新提供了助力。通过收集和分析海量生产数据,企业能够发现产品的改进机会和创新点,进而推动产品创新升级。

机械制造企业兰石集团通过打造兰石云平台,实现了生产管理数字化转型。该平台能够从三个方面助力生产管理数字化。

(1)数据集成与共享。兰石云平台打通了生产过程中各业务间的连接,实现了数据的广泛采集与深入分析。这实现了企业内部的信息、资源共享,提高了工作效率和工作质量。

(2)生产过程监控与优化。兰石云平台能够对生产过程进行实时监控,如监控设备状态、生产进度、物料消耗等。这便于管理者及时发现生产中的异常情况,并采取措施进行调整优化。

(3)智能化决策支持。借助集成的分析工具,兰石云平台能够提供丰富的数据分析报告,为企业决策提供支持,提高决策效率和质量。例如,借助历史生产数据的分析报告,企业可以预测未来的生产趋势,进而优化库存管理和生产计划。

兰石集团通过打造兰石云平台,实现了生产管理数字化。这不仅提高了生产效率和产品质量，还降低了运营成本，增强了企业的市场竞争力和可持续发展能力。

10.3.2　生产设备监测提高生产效率

生产设备数字化管理能够实现生产设备的合理安排，及时发现并解决生产问题，提高生产效率。而生产设备自动监测能够为企业实现生产设备数字化管理提供助力。具体而言，生产设备自动监测具有三大优势，如图10.3所示。

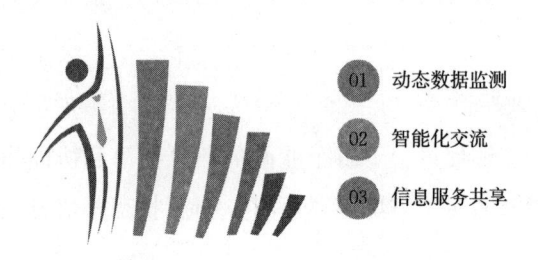

图10.3　生产设备自动监测具有的三大优势

1. 动态数据监测

具有自动监测功能的生产设备可以帮助企业监测动态数据。动态数据通常指在产品生产过程中会跟随产品生产环节变化而发生变化的数据，包括产品尺寸、物流信息、零件状态等。这能确保整个产品生产流程在可控范围内，实现动态化监测。

2. 智能化交流

生产设备自动监测让生产过程中的许多步骤都能在互联网上操作，管理人员在任何地方都能实时发送和接收指令，实现智能化交流。

3. 信息服务共享

企业可以为不同阶层的员工设置登录权限，让员工能够获取相应的信息，实现信息服务共享。

在具体探索方面，主营医疗器械研发、销售的新海科技集团将大数据技术覆盖产品生产的整个流程，实现生产设备自动监测，提升了产品质量以及产品生产效率。

生产设备自动监测为新海科技集团发现质量问题时提供了方便快捷的溯源渠道，为其提供精确的数据，让其可以快速找出问题所在。生产设备自动监测为新海科技集团从传统企业向数字化企业转型提供了良好的基础。

生产设备数字化管理是企业数字化转型的重要内容。借助数字化管理手段，生产设备能够实现科学运作，在降低成本的同时提升生产效率。这有助于企业实现灵活、高效的生产，更好地应对市场需求。

10.3.3 生产环境监控实现生产可视化

对生产环境进行实时监控，有利于实现生产过程可视化。基于此，企业可以对生产情况进行综合分析，调整管控措施，优化资源配置，实现高效生产。

生产环境监控主要有三个特点：实时监控、自动报警以及综合性与集成性。

1. 实时监控

监控设备连接生产系统，相关人员可以通过生产系统了解生产线中每台设备的运行状态以及生产线的实时生产情况。监控设备还会在相应的显示屏上展示生产的系统流程图，将数据以动态图像的方式直观地呈现出来，为生产管理提供便利。

除了对设备状态、生产流程进行监控外，生产环境监控还包括对物料流动、环境参数的监控。一方面，通过实时监控物料的流动情况，以图形化的方式展示物料的库存量、消耗量，企业能够合理安排物料采购、库存管理等事项。另一方面，对生产环境中的温度、湿度等参数进行实时监控和可视化展示，能够确保生产环境符合安全标准和产品质量要求。

2. 自动报警

报警系统能够在生产流程出现问题时发出警报，相关人员可以及时了解情况。报警系统可以展现实时报警和历史报警信息。实时报警能够及时反映生产过程中的问题，确保生产进度和产品质量。

历史报警能够对生产线以往生产过程中的问题进行记录，显示每一次报警的时间、确认的时间以及恢复的时间。历史报警界面上还会显示每一次报警是被如何处理的、谁解决的等信息，帮助企业在后续出现问题时及时找到原因。

3. **综合性与集成性**

生产环境监控涉及多个系统，如温度控制系统、湿度控制系统、设备监控系统等。生产环境监控系统能够综合各子系统的数据，实现全面的监控和管理。同时，生产环境监控还具备高度的集成性，支持多种通信协议和数据格式，能够实现不同设备和系统之间的连接，有助于实现生产环境的整体优化和协同管理。

总之，通过实时、持续的监控，生产环境监控能够帮助企业及时发现潜在问题并采取相应措施，从而避免遭受巨大损失。

第 11 章

供应链：优化供应链流程

供应链是企业组织之间的无形纽带，其触角向上延伸至原材料供应商，向下延伸至用户，构建了一个庞大的价值传递网络。优化供应链流程不仅是提升企业内部运作效率与协同能力的关键，更是推动企业生态圈全面拓展与强化的核心驱动力。通过精细化管理与技术创新，企业可以重塑供应链流程，使之更加高效、灵活与智能。

11.1 数字化时代的供应链

数字化时代，传统供应链逐渐向数字化供应链转型，呈现出运作自动化、管理数字化等特征。这大大提升了供应链管理的效率和供应链的整体质量。

11.1.1 供应链运作自动化

大数据、AI 等先进技术与供应链的融合催生了各种智能设备和智能系统，使得供应链各环节实现了数字化、自动化运作。具体而言，供应链运作自动化体现在以下三个方面：

1. **仓储自动化**

借助 AI、大数据等技术，仓库管理系统将变得智能化、自动化。系统能够实时监测库存水平、预测需求，并优化货物的存储和调度，提高库存利用率和订单处理速度。同时，基于电子标签技术、自动分拣系统等，货物分拣、搬运、堆垛等工作都可以交给智能机器人完成，提高了仓库运作的自动化程度和效率。

2. 运输自动化

配送机器人、无人机等智能设备在物流运输中的应用提升了运输环节的自动化程度。这在减少人为干预因素的同时提高了货物运输的安全性和效率。在运输路径优化方面,大数据和智能算法等技术可应用于运输路径规划,减少不必要的绕路和等待时间,降低运输成本,提高运输效率。

3. 供应链信息管理自动化

基于先进的信息管理系统,供应链系统能够实现信息全面记录、无缝对接和智能化处理。系统可以自动获取订单信息、库存信息、运输信息等,并进行快速、准确的分析。在供应链协同方面,通过信息共享和业务协同,各方可以更准确地进行需求预测和资源调配,提高协同效率。

总之,供应链运作自动化体现在很多方面,能够大幅提升供应链效率,降低运营成本,为企业的数字化发展提供助力。

11.1.2 供应链管理数字化

供应链管理对企业管理具有重要意义,企业能够通过供应链管理对链上资源进行整合,协调供应链上的各方人员。然而,传统的供应链管理存在信息不对称、沟通不便等问题。为了解决这些问题,许多企业开始推进供应链数字化转型,实现供应链管理数字化,这主要体现在以下三个方面:

(1) 信息化基础设施建设日益完善。通过建设集成仓储管理系统、运输管理系统、订单管理系统的信息系统,企业能够实现供应链信息的实时采集、传输与处理。通过引入物联网、云计算等先进技术,构建供应链平台,企业能够实现供应链资源的优化配置和共享。

(2) 供应链管理走向可视化与精细化。借助物联网、云计算等技术与系统,企业能够实现供应链全流程可视化管理,实现货物跟踪、运输状态监控等,提高供应链管理的透明度和可追溯性。在精细化管理方面,借助大数据和智能算法对供应链数据的挖掘与分析,企业能够充分了解供应链体系中运输、仓储、配送等多方面的情况,发现潜在的问题和改进空间,进而制定科学的供应链管理方案。

（3）供应链协同进一步加强。基于平台和系统的连接，供应链中的各方能够实现信息共享和业务协同，实现供应链的透明化、协同化管理。

一些企业已经实现了供应链管理升级，菜鸟是典型代表。作为业内知名的物流企业，菜鸟借助大数据、AI 等技术，提高了供应链管理的数字化水平，优化了客户体验。

菜鸟大力发展无人仓储技术，大规模无人仓被投入实际运营。天津武清、湖北武汉、江苏无锡、浙江嘉兴等地，都有菜鸟无人仓群的部署。菜鸟通过自主研发的系统将这些无人仓群连接起来，实现对仓储环节的全面把控。

菜鸟采用 AI 分单模式，有效解决传统分单模式下可能出现的分拨层级过多、人力消耗大、分拨时间过长等问题。AI 技术以及先进的机器深度学习，使菜鸟能够通过装配有智能硬件设备与软件管理系统的自动化流水线实现智能分单。这不仅节省了大量人力、物力成本，还使分单效率大幅提升，使商品能够以最快速度到达客户手中。

在物流作业中，菜鸟推行智能打包算法。该算法能够对商品的体积与外观进行快速计算，帮助工作人员智能选择与商品最匹配的打包箱型。这一算法不仅能够提高工作效率，还节省了包装耗材。

基于各种数字技术的应用，菜鸟搭建了完善的数字化供应链管理体系。这提升了菜鸟的管理效率和竞争力。

11.2 三步打造数字化供应链

数字化供应链能够打破供应链各环节的信息壁垒，实现供应链信息的高效整合，提高企业的竞争力。各行各业都在积极探索如何利用数字技术对供应链进行重塑，以提高供应链的韧性和竞争力。

11.2.1 利用补货模型实现智能补货

传统人工补货模式存在畅销品缺货、滞销品库存率高、补货不精准、人效低等问题。对此,企业可以借助补货模型实现智能补货,驱动供应链降本增效。

搭建补货模型的具体步骤如图 11.1 所示。

收集库存数据
考察整条供应链
搭建模型框架
完善补货模型

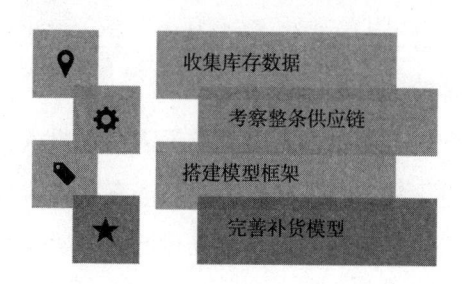

图 11.1　搭建补货模型的四大步骤

1. 收集库存数据

掌握数据,便能实现更好的管理。企业应将各个仓库的库存数据统一记录在补货模型中,方便管理人员调取。同时,企业要对产品库存变化情况进行实时更新,为每个对产品销量产生重大影响的因素建立专门的数据库。企业掌握的数据越多,搭建的补货模型也就越精准。

2. 考察整条供应链

在将产品的库存信息进行整合后,企业还需要对整条供应链进行全面考察,了解从订单产生、供应商响应,到产品送达的全过程,从而实现供货路径最简化,实现联合补货,进一步提升库存管理水平。

3. 搭建模型框架

企业需要梳理第一步、第二步中收集的信息,将数据进行分类处理,并通过算法找到它们之间隐含的逻辑结构,搭建智能补货模型的基础框架。

4. 完善补货模型

首次搭建的补货模型可能不精准,因此企业还要验证模型中是否缺失关键步骤、是否存在不适用的场景,对其进行进一步完善。补货模型正式投入使用后,企业还要在使用过程中不断对其进行优化和升级。

通过以上步骤搭建的补货模型可以有针对性地解决产品的库存问题,提高企业的资金周转率,有效减少无用库存。

11.2.2 打造灵活的动态运输网络

面对多变的市场环境和客户需求，企业在打造数字化供应链的过程中有必要打造动态运输网络，为数字化供应链提供支撑。

信息与身份的双重透明，是实现动态运输网络的前提。其中，信息透明是企业的基础诉求，即企业可以通过网页端、移动端实时获取物流信息。信息透明可以增强对承运商的约束力，使物流运输过程更灵活、更高效。身份透明则更进一步，是企业基础诉求的升级，即企业可以清晰地了解全链条中的各个环节及其负责人。这使得各环节的职责更清晰，简化了后期的对接工作。

物流信息化、流程数字化是打造动态运输网的基础，AI、大数据、物联网等先进技术是构建动态运输网络的重要推动力。

一方面，借助数字技术，动态运输网络能够实现运输全链路的连接和信息传递，进而提高对订单的响应处理能力；另一方面，借助数字技术，动态运输网络能够实现以数据为支撑的智能控制。动态运输网络可以实现对运输过程中各种数据的采集，同时借助 AI 算法、大数据挖掘等进行数据智能分析，产出系统化的分析结果。企业可以借助这些智能分析，对运输全过程进行科学控制。

面对复杂的市场环境和多样的客户需求，海尔不断优化物流网络布局，打造灵活的动态运输网络。

海尔基于客户需求及物流业务规模，构建了多层级、多节点的物流网络，实现了对各层级市场的全面覆盖，精准对接各类客户群体的需求。在此基础上，海尔进一步构建了跨区域的配送体系，与既有的一级配送网络及区域内分拨网络相辅相成，打造了一个包含成品分拨、备件配送及逆向物流在内的全方位物流体系。此体系极大地提升了物流运输的灵活性，使海尔能够迅速响应市场变化。

在运输方式的选择上，海尔展现了高度的灵活性。海尔灵活运用陆运、海运、空运等多种运输方式，根据客户具体需求量身打造最优运输方案。这种多式联运的策略不仅提升了运输效率，还增强了服务的市场适应性。

此外，海尔还借助先进的物流管理技术与智能算法，实现对物流运输全链条的精细化管控。从车辆实时定位到货物状态监控，每一个细节都在其掌握之中。通过智能化的动态调度与路线规划，海尔确保了货物能够以最快的速度、最优的路径送达客户手中。

通过打造动态运输网络，海尔集团提高了供应链的透明度和灵活性，降低了库存和运输成本。这使得其能够更好地满足市场与客户需求。

11.2.3 推动上下游产业链协同

想要打造数字化供应链，企业需要积极拓展供应链的覆盖范围，加强与上下游企业的连接，使上下游产业链协同。

供应链中包含"四流"，即商流、资金流、信息流、物流，这"四流"在整个供应链中流通。而企业进行数字化转型的关键是实现"三流合一"（信息流、物流、资金流的统一），因此，企业要想抛开上下游企业而独自实现数字化，显然较为困难。企业整合资源、实现上下游协同发展的四个策略如图 11.2 所示。

| 01 打通"四流"，提高供应链协同水平 |
| 02 推进供应链标准化，提高数字化深度 |
| 03 汇聚资源，激发"乘数效应" |
| 04 打破数据、业务壁垒，实现降本增效 |

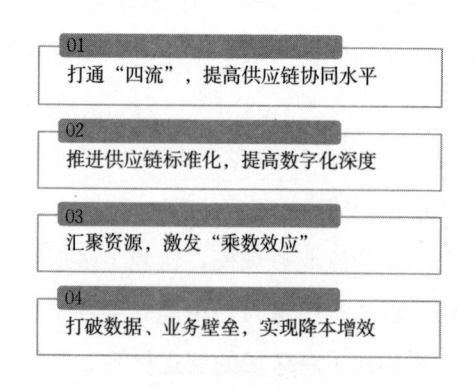

图 11.2 实现上下游协同发展的四个策略

1. 打通"四流"，提高供应链协同水平

企业应结合仓储、物流、配送等一系列服务，通过供应链系统整合资源，提升产业链一体化运作效率，实现商流、资金流、信息流、物流"四流合一"。此外，企业应借助前台和中台的配合，优化供应链全流程，应对复杂的商业环境。

2. 推进供应链标准化，提高数字化深度

企业应持续输出业务指标并规范供应链运作流程，推动供应链的标准化。供应链系统能够为企业量身定制业务标准和业务分类体系，如材料分类、供应商分类标准等，让数据沉淀更精准。

3. 汇聚资源，激发"乘数效应"

企业可以建立供应链智能管理系统，连接更多外部场景、角色和服务。通过供应链数据集中、资源聚合实现资源量化管理，从而使供应链智能管理系统驱动企业生态势能增长，提升企业供应链管理效能。

4. 打破数据、业务壁垒，实现降本增效

在打破数据壁垒方面，企业应规范数据标准，统一数据通道和数据口径，形成完整的数据画像。在打破业务壁垒方面，企业可以将有共性的业务整合起来，使其成为一项公共服务，摆脱业务板块的束缚。

总之，企业应建立完善的供应链系统，将供应链上的各种资源充分整合，连通上下游生态，打造高水平的数字化供应链，实现供应链对数字化业务的整体赋能。

11.3 深入解析企业数字化供应链探索案例

在打造数字化供应链方面，企业可以学习一些先进企业的成功经验，根据其实践探索了解供应链数字化转型的技巧和方法。

11.3.1 联合利华：积极推进供应链转型

作为全球知名的快消品企业，联合利华在数字化风潮下积极与时代接轨，推进供应链数字化转型。

1. 推进工厂智能化升级

联合利华的供应链是一条由制造型企业驱动的长供应链，因此，供应链升级离不开工厂的升级。联合利华在推动工厂智能化升级方面取得了许

多成就。联合利华首先升级了其合肥生产基地,并获得了日化产业"灯塔工厂"的认证。接着升级了太仓生产基地,将其打造成冰激凌"灯塔工厂"。2023年,联合利华位于天津的食品生产工厂也获得了"灯塔工厂"的认证。至此,联合利华打造了三个智能制造生产标杆。在工厂智能化转型的带动下,联合利华的供应链能力和敏捷响应能力都有所提高。

在一些重大节日,用户对产品的需求量猛增。天津的食品生产工厂搭载了供应链 AI,能够对销售进行预测,进一步提升需求预测准确率。基于定制的 AI 模型,工厂能够综合考虑生产期、产能、需求等因素,制订科学的生产计划,合理排期。

2. 利用 AI 技术与用户进行连接

联合利华利用 AI 技术与用户进行连接,这主要体现在以下四个方面:

(1) 打造了自动化捕捉系统 Polaris。Polaris 能够利用 AI 技术自动捕捉用户需求,减少人工操作。

(2) 升级了订单处理工具,能够实现订单处理周期内的无人触碰、数据同帧,为用户带来良好的购物体验。

(3) 开放了供应系统,打造了集成化供应模式,通过链路优化进一步满足用户需求。

(4) 充分发挥绿色、可持续发展元素在用户连接中的作用,实现绿色连接。

3. 推动供应决策智能化

生产销售流程和计划对整条链路的效率产生影响。联合利华在这方面做出了两项努力:

(1) 致力于提高预测的准确率,利用 AI 技术处理需求信号。

(2) 致力于使员工能够读懂 AI。

对此,联合利华上线了一个 U-AI 的界面,以帮助员工了解 AI 预测的逻辑,并与 AI 进行互动。

通过以上几方面的努力,联合利华成功推进了供应链数字化转型,不仅提升了生产效率、降低了成本,还提升了供应链的灵活性。未来,随着转型深化与技术创新,联合利华有望进一步提升供应链数字化水平,推进可持续发展。

11.3.2　海程邦达：打造供应链可视大屏

海程邦达国际物流有限公司（以下简称海程邦达）是一家为客户提供一站式供应链物流服务的综合性物流企业。其凭借丰富的行业经验、广泛的物流网络、先进的信息技术系统等，打造灵活、高效的供应链体系。

面对数字化的洪流，海程邦达积极转型。其希望在原平台的基础上，不断提升物流服务的响应效率，同时希望充分发挥业务数据的作用，打造一个集数据采集、集成、治理和应用于一体的数据平台。

在进行数据可视化平台选型时，海程邦达面临三个问题：

第一，业务场景复杂。海程邦达可以提供海运、空运、陆运、仓储、报关、保险、供应链管理等多种服务，业务场景极其复杂。这就导致数据统计口径可能存在交叉。

第二，业务需求多变。业务方的需求多变，海程邦达需要关注数据模型的灵活性，以适应业务的变化。

第三，数据质量差。数据来源多样，一些数据存在不规范、不标准等问题，导致数据处理与分析的难度增加。

为了解决这些问题，海程邦达与数据分析企业帆软展开合作。帆软与海程邦达共同搭建了供应链物流数据中台，通过供应链可视化大屏检测各方数据，完成更加精准的分析。其应用场景主要有以下几个：

1. 分析驾驶舱

海程邦达能够通过供应链可视化大屏了解各类物流产品的销售状况，以及企业内部各个模块的营收目标和实际达成目标，对经营状况进行多维度的分析，了解自身经营现状。

2. 实时监控供应链

帆软利用数据的抽取、转换和加载（extract transform load，ETL）工具将海程邦达的各项业务数据接入供应链物流数据中台，并利用 FineReport（帆软报表软件工具）进行数据对接，实现了大屏开发。海程邦达能够利用供应链可视化大屏对物流的各项数据进行监控,包括订单的状态、货物的位置等,对货物供应链进行全程把控,确保数据的时效性。

3. 区域综合驾驶舱

在区域综合驾驶舱场景中,海程邦达能够利用供应链可视化大屏实现四个功能:

(1)了解区域概况。利用数据分析功能全方位了解各个区域的情况,把控全局。

(2)及时发现区域问题。借助驾驶舱的数据监控和分析功能,海程邦达能够及时发现各区域存在的问题,从而尽快解决。

(3)提高区域协同性。海程邦达能够借助驾驶舱的集成功能实现不同区域的数据共享和协同工作,从而提高整体工作效率。

(4)加强区域沟通。驾驶舱提供各类数据和信息,有助于加强不同区域之间的沟通。例如,通过驾驶舱提供实时销售数据和市场信息,促进不同区域销售团队之间的交流与合作。

海程邦达利用供应链数据中后台有效提升了运营效率和业务响应率。借助供应链可视化大屏,海程邦达能够对供应链的各个环节进行监测,及时发现问题,确保供应链安全。

11.3.3 德邦:以技术实现物流可视化管理

作为物流行业的领军企业,德邦快递持续推进技术应用与物流创新,通过数字化转型实现了物流可视化管理。

在技术引入与推陈出新方面,德邦快递与华为、腾讯等企业合作,积极推进技术探索。

德邦快递与华为合作,引入了华为的云服务,在物流云、智慧物流园等领域深入探索,实现了快递单信息自动识别、数据备份、网络传输等。同时,借助华为的光学字符识别(optical character recognition,OCR)技术,德邦快递能够对快递单的内容进行识别,并将其转化为可以编辑的文本,这大幅提高了数据录入的效率。

德邦快递与腾讯合作,借助企业微信连接用户、企业、系统和商业,打造了生态闭环。借助企业微信,德邦快递的员工能够和同事、用户和供应商三方对接,实现快递信息同步,使每个快递都能安全、高效送达。

德邦快递还打造了多种智能化系统,以实现物流可视化管理。例如,德邦快递为物流中心的摄像头接入了"违规操作 AI 智能识别"系统。该系统能够对快递分拣区域进行全时段监控,使工作人员能够专心分拣,违规操作率大幅降低。德邦快递还打造了智能运输管理系统。在运输过程中,该系统能够实时跟踪货物的位置、轨迹线路、停留信息等,并将这些信息以可视化的形式呈现出来。

总之,德邦快递从多方面入手,实现了物流可视化管理。在完善的管理体系下,德邦快递以透明、可控的物流体系,为用户提供便捷、高效的物流服务。

第 12 章

财务：推动数字财务的发展

大数据、云计算等数字技术在财务领域的应用，不仅能够重塑财务管理方式，推动数字财务发展，还推动财务与业务融合，提升财务管理效率，为企业科学决策提供支持。而在数字财务的赋能下，企业整体数字化建设也得以进一步推进。

12.1 财务转型是适应时代发展的必要之举

信息技术在财务领域的广泛应用产生了海量的财务数据。以人工操作为主的传统财务管理模式已经无法满足企业财务管理的需要，财务管理亟须朝着数字化、智能化的方向发展。因此，财务转型是适应时代发展的必要之举。

12.1.1 财务转型具有多重价值

面对日益复杂的商业环境和更加丰富的业务场景，企业需要积极推进财务数字化转型，以提升财务管理的灵活性，更好地应对新挑战。财务数字化转型是企业应对竞争、实现更好发展的必经之路，其价值主要体现在三个方面：

（1）财务数字化转型能够提高工作人员的工作效率。企业能够借助数字技术实现财务流程规范化、标准化和自动化，减少人工操作造成的失误，提高财务处理的准确率。借助数字技术，企业管理层能够实时查看业务数据，从而了解企业的财务状况，为决策制定提供精准的数据支持。

（2）财务数字化转型能够有效降低财务风险与成本。企业能够利用数字技术对业务进行全面监控，及时发现异常情况并及时解决，从而降低财务风险，保障财务安全。

（3）财务数字化转型能够为企业战略转型提供支持。在财务数字化转型过程中，企业积累了大量宝贵的数据资源。通过对这些数据的深度挖掘和分析，企业能够更准确地把握市场动态和用户需求，有针对性地优化产品和服务，实现更为精准的整体战略转型。

财务数字化转型能够从多方面助力企业发展。企业应高度重视财务数字化转型工作，积极拥抱数字技术变革，努力构建具有竞争力的财务管理体系，为长远发展奠定坚实基础。

12.1.2 做好财务转型的必要准备

在财务数字化转型之前，企业需要做好准备工作。许多企业的财务管理工作比较混乱，缺乏完善的财务制度、业务流程等。针对这些问题，企业首先需要规范财务管理。

企业可以通过三种方式实现财务规范化，如图12.1所示。

01 预算管理科学化
02 费用管理制度化
03 业务建设规范化

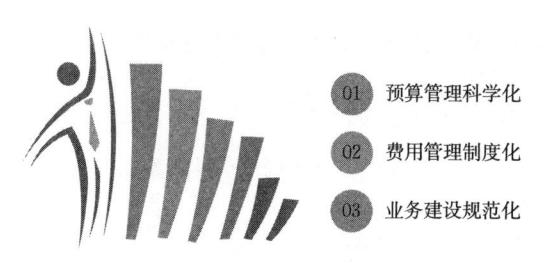

图 12.1　实现财务规范化的方法

1. 预算管理科学化

缺乏严谨的预算管理机制，企业就难以对财务支出情况实施有效的监控。规范的财务管理应建立在真实的资金流动的基础之上，并经过多个部门的联合审核，同时保留详尽的审核记录。

企业的每项支出都应经过财务部门的评估，以严格控制预算额度。在获得审批后，财务部门可以根据资金状况制订支出计划。为进一步提升预算使用效率，企业可以引入奖惩或考核制度。

2. 费用管理制度化

想要实现规范化的费用管理，企业需要制定费用管理制度，包括但不限于票据、支付凭证和交易文件等材料的管理与审核制度，以确保财务工作流程规范化。例如，建立完善的票据管理制度，严格按照票据使用环节设立管理账簿，对票据进行分类入账，及时记录并由经手人签字确认。

对于突发性支出，财务部门和业务部门应共同监督，结合行政和经济手段，通过行政制度严格控制费用支出，以实现经济效益最大化。

3. 业务建设规范化

除了建立费用管理制度，企业还需要按照业务类别细化规章制度。例如，严格落实凭证登记制度，保证各项凭证及时、准确地入账；完善财税资料管理制度，将各类资料分类存放、定期整理；加强电算化管理制度，保证计算方法的科学性和计算效率。

建立规范化的财务管理制度后，各项财务工作有制度可依，企业的财务数字化转型之路也会走得更加顺畅。

12.1.3 三大转型为财务数字化转型奠基

在推进财务数字化转型时，企业需要做好职能、组织、人员三个方面的转型，以构建一个完善且高效的财务转型框架。

1. 职能转型

企业应重新界定财务职能的内涵。数字化转型下财务的职能主要有三个：一是为企业的决策、战略目标的制定提供数据支撑；二是作为企业业务管理者的伙伴，助力业务管理效率提升；三是高效完成核算工作，保证财务信息质量。

2. 组织转型

企业应构建以共享财务为基础、战略财务为引领、业务财务为主体的财务组织模式。企业应通过战略财务与业务财务延伸管理会计职能，通过共享财务呈现新的核算结果，维护交易处理和管理控制层面的财务活动。

3. 人员转型

企业应重新确定财务人员标准，培养财务人员数字化能力，为财务数字化转型提供人才保障。具体来说，企业应培养三类财务人员：

（1）战略型财务人员。企业应培养战略型财务人员并使这一类人员在财务组织中居于主导地位，从而支撑财务决策。

（2）业务型财务人员。业务型财务人员是企业财务人员部署战略中的主体，主要专注于促进企业的业务发展。

（3）共享型财务人员。共享型财务人员通过提供财务核算专业化服务来推进财务核算业务的标准化、智能化。

综上所述，通过职能、组织、人员三方面的综合转型，企业能够构建一套全新的数字化财务体系，实现财务的全面数字化转型。

12.2 财务共享成为管理新模式

财务共享作为一种新型的财务管理模式，主要依托于统一的系统平台对企业的财务数据进行管理。共享的本质是借助新兴技术实现财务管理模式的变革与创新，使企业可以及时获得财务信息，提高财务效率并降低财务运营成本。数字化背景下，财务共享能够为企业的财务数字化转型提供数据、组织、技术等方面的支持，为数字化财务的实现提供助力。

12.2.1 财务共享是大势所趋

当前，财务共享已经成为趋势。越来越多的企业开始将财务职能从各业务单元中剥离出来，通过集中、共享的方式向不同的业务单元提供标准化、高效的财务服务。这种模式能够通过规模效应和流程化运作降低财务成本，提高财务管理效率。

具体而言，财务共享具有三大优势，如图12.2所示。

- 01 成本节约和效率提升
- 02 促进财务和业务融合
- 03 提提升管控力和透明度

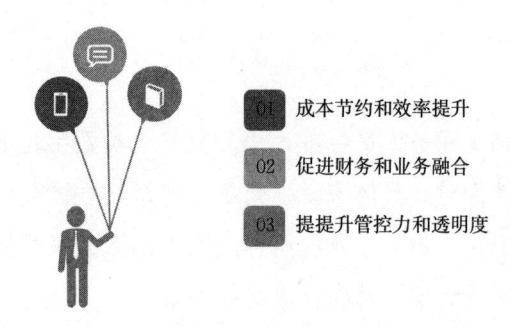

图 12.2　财务共享的优势

1. 成本节约和效率提升

财务共享能够集中化处理财务流程，实现规模效益，降低单位成本。这包括减少重复建设、优化资源配置、降低人力成本等。财务共享能够实现财务流程和标准统一，进而实现财务处理自动化和标准化，减少了人工干预，提高了财务处理效率和准确性，降低了错误率。

2. 促进财务和业务融合

财务共享不仅处理财务交易，还提供财务咨询服务。这有助于财务部门更好地了解业务需求，为业务部门提供更加精准、有效的财务支持。财务共享还能协助企业制定预算、监控预算执行情况，并进行业绩评估。这有助于企业更好地管理资源、优化成本结构、提升业绩水平。

财务共享打破了部门壁垒，促进了财务部门与其他部门之间的沟通与协作。这有助于企业形成更加协同、高效的工作模式。

3. 提升管控力和透明度

财务共享能够对企业财务活动进行实时监控，及时发现并纠正潜在的问题和风险。这有助于企业保持财务健康，避免不必要的损失。通过集中化的财务管理，财务共享使得财务信息更加透明化。企业管理层可以更加清晰地了解财务状况，为决策制定提供有力的支持。此外，财务共享有助于企业建立更加完善的内部控制体系，确保财务活动的合规性和规范性。

基于以上优势，财务共享成为趋势。未来，随着技术的进步和共享理念的深化，财务共享服务将得到更加广泛的应用。

12.2.2 搭建财务共享平台

在财务共享的趋势下,不少企业纷纷搭建财务共享平台。财务共享平台能够集成各种财务数据和功能,实现财务的自动审批、核算等。借助这一平台,企业能够实现财务的统一管理和数字化管理,为自身的数字化发展提供保障。

在搭建财务共享平台时,企业需要注意以下两个要点:

1. 流程设计

流程设计是确保财务共享平台顺利运作的基石。线上的流程实质上是对线下人工操作流程的复刻。在实际操作中,常因未能以人工操作流程中的每一个细微环节为基础来设计线上流程,而导致出现疏漏和错误。

例如,某企业的财务共享平台对不同的业务模块分批次地进行调试,在上线前夕才发现没有设置现金支付渠道。这暴露了前期调研和准备工作的不充分,导致财务共享平台没有覆盖全部业务流程。

为避免此类问题,企业应专门设立流程设计团队,负责新业务的流程规划、设计与测试。这个团队不仅要深入了解业务细节,还需与实际操作人员紧密合作,确保线上流程与线下操作的无缝对接。同时,企业还应建立持续优化机制,对财务共享平台进行迭代更新,以适应业务发展和变化的需求。

2. 平台衔接

与其他平台的衔接情况直接决定了财务共享平台的运作效率。财务共享平台会集成多套财务系统,为其他业务部门提供统一的处理平台,这些衔接点会对财务共享平台的运作效率产生直接影响。如果财务共享平台能将这些系统进行高效连接,就可以提升整个业务流程的运行效率,减少共享平台的整体工作量。

在明确财务共享平台的整体业务流程后,企业应该考虑平台的整体架构,确认各系统之间的连接方式与信息传递模式,提升共享平台的运行顺畅度。

12.2.3　平安集团：打造财务共享中心

在平安集团持续扩张和多元化发展的过程中，其分支机构逐渐增多，为财务管理带来了不小的压力。一方面，在传统的财务管理模式下，集团总部难以对分支机构进行全面、细致的管理；另一方面，各分支机构的财务管理标准不统一、决策权分散，阻碍了集团整体财务管理效率和协同性的提高。

为应对以上挑战，平安集团积极推进财务管理模式变革，打造财务共享中心就是其中的重要一步。平安集团的财务共享中心集成了 OCR 识别、机器人流程自动化（robotic process automation，RPA）等多种技术，实现了财务数据自动采集、分析、报告等功能。同时，该平台还集成了其他业务系统，确保了数据共享和互联互通。

为了确保财务共享中心顺利运行，平安集团对原有的财务流程进行了全面优化。通过梳理、整合与再造财务流程，实现了标准化流程管理。同时，平安集团还建立了完善的内部控制体系，以确保财务共享中心的稳定运行。

在打造财务共享中心的过程中，平安集团还积极以培训的方式推进财务人员转型。通过组织各类培训课程、交流活动、实操活动等，提高财务人员的专业技能和综合素质。

通过打造财务共享中心，平安集团的财务管理效率和整体效能大幅提升，减轻了财务人员的工作负担。同时，通过减少人工、减少纸质文件使用、优化资源配置等方式，财务共享中心还降低了平安银行的整体运营成本。

财务共享中心还促进了平安集团各业务板块的协同发展。通过实现财务数据共享和互联互通，各业务板块能够更加便捷地获取所需的财务信息，从而做出更加科学的决策。

12.3　数字化时代的税务转型

在数字化转型背景下，企业商业模式、业务运作等方面的重塑，为税务治理带来了新的挑战。因此，实现数字化税务治理变得十分重要，企业需要将税务变革作为重点，积极推进税务数字化转型。

12.3.1 打造无纸化入账模式

当前，在政策支持下，企业可以只保留电子单据而无须保留纸质单据。这极大地推动了无纸化入账的发展。同时，电子发票、电子凭证等的兴起为无纸化入账提供了技术支持。

1. 无纸化入账的优势

无纸化入账具有以下优势：

（1）提高效率。无纸化入账能够减少纸质单据打印、归档等烦琐工作，提高财务工作效率。

（2）降低成本。无纸化入账能够节省纸张、打印耗材等成本，减少对存储空间的需求，降低企业运营成本。

（3）增强合规性。电子凭证具有可追溯性，能够减少人为错误，增强企业财务管理的合规性。

（4）促进数据共享。无纸化入账能够实现财务数据集中管理与共享，为企业决策提供支持。

2. 无纸化入账的要点

要想实现无纸化入账，企业需要做好以下几个方面：

（1）企业需要建立完善的电子发票管理系统，实现电子发票接收、查验、入账、归档等全流程数字化管理。

（2）企业需要将电子发票管理系统与财务系统、税务系统等集成，实现数据自动传输和共享。

（3）企业需要对现有的财务流程进行梳理和优化，精简流程，确保无纸化入账的顺畅运行。

（4）企业需要为财务人员提供电子发票管理、财务系统操作等方面的培训，提高其业务能力和操作水平。

无纸化入账的实现涉及海量电子数据的传输和存储，企业需要重视数据安全和隐私保护，通过数据加密、备份等措施，确保数据不被泄露或篡改。此外，企业需要关注新技术的发展动态，及时更新电子发票管理系统及其他相关软件。

12.3.2 以税务共享中心强化税务管理

税务共享是一种创新的税务管理模式，能够将税务人员从重复的基础工作中解放出来，让其投到更有价值的工作中。此外，税务共享还能优化资源配置，降低税务成本，提高税务服务的质量和效率。

1. 税务共享中心的优势

企业可以打造税务共享中心，推动税务管理创新发展和税务数字化转型。税务共享中心的优势体现在以下几个方面：

（1）标准化处理。税务共享中心通过制定统一的税务处理标准和流程，能够确保各分支机构或业务单元在税务处理上保持一致性，减少因人为因素引发的风险。

（2）集中化管理。税务共享中心将税务管理职能集中在一起，能够实现资源优化配置和高效利用，提高税务管理的效率。

（3）专业化运营。税务共享中心汇聚了专业的税务人员和先进的技术手段，能够为企业提供更加专业、精准的税务服务，提升企业的税务管理水平。

2. 税务共享中心的作用

税务共享中心能够从四个方面强化税务管理，如图12.3所示。

图12.3　税务共享中心强化税务管理

（1）税务筹划与规划。税务共享中心能够根据企业的战略目标和业务需求，制定科学的税务筹划方案，通过合理的税务规划降低企业的税负成本。同时，税务共享中心还会关注税收政策和法规的变化，为企业提供税务合规建议和风险提示。

（2）税务核算与申报。税务共享中心负责企业各分支机构或业务单元的税务核算工作，确保核算的准确性和及时性。同时，税务共享中心能够实现税务申报自动化和智能化，提高申报效率。

（3）税务风险防控。税务共享中心通过建立完善的风险防控体系，对企业的税务风险进行实时监控和预警。

一旦发现潜在风险，税务共享中心将及时采取措施进行应对，确保税务合规性和安全性。

（4）税务数据分析。借助大数据、AI等技术，税务共享中心能够对企业的税务数据进行深度分析，挖掘数据背后的价值。基于此，税务共享中心能够为企业决策提供有价值的信息，帮助企业优化税务管理策略和业务模式。

3. 打造税务共享中心

基于以上诸多优势，打造税务共享中心成为越来越多企业的选择，但是企业需要关注以下要点：

（1）企业需要制定税务共享中心设计与规划方案，明确建设目标、组织架构、业务流程、技术平台等要素。同时，企业还需要充分考虑自身的实际情况，确保方案的可行性。

（2）企业需要选择合适的税务管理系统和数字化工具，进行系统的开发和集成工作。企业需要保证税务管理系统能够与财务系统、其他业务系统实现无缝对接和数据共享，确保税务信息的准确性和及时性。

（3）企业需要对税务人员进行培训，提升其专业技能和数字化素养。通过培训，税务人员能够更好地适应税务共享中心的工作模式和要求，发挥其在税务管理中的作用。

在方案落地方面，企业可以先在部分分支机构、业务单元中进行税务共享中心的试点建设，验证方案的可行性与效果。在试点成功的基础上，企业可以在内部全面推广税务共享中心，实现税务管理的全面优化。

打造税务共享中心是一种符合数字化发展趋势和企业发展要求的数字化税务管理方案。通过打造税务共享中心，企业能够实现税务标准化、集中化管理，提升税务管理效率，增强风险防控能力。

12.3.3　老百姓大药房：税务共享解决方案

作为业内十分有影响力的药品零售连锁企业，老百姓大药房的门店数量不断增多，门店已覆盖全国 20 多个省份。然而，在持续发展的过程中，传统税务管理模式的局限性逐渐显露，难以满足其需求。具体而言，门店增多导致税务人员工作量大幅增加，各地电子税务系统、规则等存在差异等问题，都为企业的税务管理带来了挑战。

为了解决以上问题，老百姓大药房与智能财税科技企业神州云合达成合作，以税务共享的方式推进税务数字化变革。神州云合借助"财云通"税务共享服务平台，聚焦老百姓大药房的税务数字化需求，为其打造了个性化的税务共享解决方案和智慧化的税务共享平台。该平台涵盖了税务申报、发票管理、数据分析等多个方面，实现了税务管理集中化、智能化。

（1）在税务申报方面，该平台实现了税务自动申报。各税区、各税种的税表都能够在平台上自动生成、自动申报。税务人员能够借助平台完成批量申报、在线缴款、纳税结果检查等工作。同时，借助该平台，企业能够对门店的报税进度、扣款数据等进行集中管控，确保税务信息的准确性。

（2）在发票管理方面，该平台通过建立进项发票管理池和销项发票管理池，实现了全票种识别和票面数据解析。同时，该平台通过对接企业的财务系统和开票系统，实现了发票数据自动化处理，促进了发票与业务、财务等数据的协同。

（3）在数据分析方面，该平台打造了自动化的税务风险管控治理体系，实现了对全税种各类风险的动态监控。同时，该平台能够自动生成税务风险报告，助力企业提升税务合规能力。此外，其还提供多维度的税务数据分析，为企业决策提供数据支持。

综上所述，税务共享解决方案的实施与税务共享服务平台的成功运行不仅极大地提升了老百姓大药房的税务管理效率与质量，还有效降低了税务风险，增强了其市场竞争力与可持续发展能力，为其未来发展奠定了坚实的基础。